Klodeckel 2012

„Wer sagt, hier herrscht
Freiheit, der lügt, denn
Freiheit herrscht nicht."

Erich Fried (1921-1988)

Ramin Peymani

Klodeckel 2012

Der etwas andere Jahresrückblick

Bibliografische Information der Deutschen Nationalbibliothek:
Die Deutsche Nationalbibliothek verzeichnet diese Publikation
in der Deutschen Nationalbibliografie; detaillierte bibliografische Daten sind im Internet über http://dnb.dnb.de abrufbar.

Umschlagfoto: privat
Herstellung und Verlag: BoD
Books on Demand, Norderstedt
ISBN: 978-3-8482-5366-1

Inhaltsverzeichnis

Beliebt, belanglos, beleidigt – der tiefe Fall des Christian W. (8. Januar 2012)

Zurück aus der Weihnachts- und Silvesterpause, verleihe ich ab heute wieder jeden Sonntag den „Klodeckel des Tages" als zusammenfassende Würdigung der schlimmsten wöchentlichen Fehlleistung. Verdient hat ihn sich während der vergangenen drei Wochen Bundespräsident **Christian Wulff**, und zwar weniger wegen der ursprünglich gegen ihn erhobenen Vorwürfe, sondern durch seinen Umgang mit der Kritik. Selten hat man einen Politiker in einem so hohen Staatsamt in solch atemberaubendem Tempo sich selbst demontieren und fast alles falsch machen sehen. Dies zeugt entweder von sehr schlechter Beratung oder von großer Realitätsferne und weitgehender Beratungsresistenz. Dass die Oppositionsparteien die Schwächen des Präsidenten thematisieren, ist nicht verwunderlich. Dabei fällt allerdings eine gewisse Zurückhaltung auf, will man doch lieber erst noch die Niederlage von „Schwarz-gelb" bei der Landtagswahl in Schleswig-Holstein am 6. Mai abwarten, um über die neue Zusammensetzung des Bundesrates in der Bundesversammlung dann günstigere Mehrheitsverhältnisse für die Präsidentenneuwahl vorzufinden. Ob sich der langsame politische Tod jedoch so lange wird hinauszögern lassen, ist fraglich. Mit der zu erwartenden Wahl von Joachim Gauck zum 11. Bundespräsidenten der Bundesrepublik Deutschland würde jedenfalls endlich ein Mann an die Spitze unseres Staates gewählt, den die Mehrheit der Menschen auch haben möchte. Die Umstände, unter denen die Inthronisierung Wulffs im Juni 2010 vorbereitet und letztlich politisch erzwungen wurde, waren für viele unerträglich. Sie entfachten eine Diskussion, die leider viel zu schnell wieder abebbte, weil Fragen wie die nach dem neuen Deutschen Fußball-Meister und dem nächsten DSDS-Sieger drängender waren. Die Wahl des höchsten Staatsamtes durch das Volk, die in vielen anderen Demokratien völlig selbstverständlich ist, wird hierzulande seit Jahrzehnten verhindert, weil die hohe Politik befürchtet, dadurch ein wichtiges Stellrad in ihren eitlen Machtspielchen zu verlieren. Das Totschlagargument mit dem Verweis auf unsere Geschichte zieht ohnehin schon lange nicht mehr. Wenn wir ihn schon nicht direkt wählen dürfen, so ist es gut, dass mit dem für viele als „inoffizieller Bundespräsident" amtierenden Gauck ein überaus geeigneter Kandidat bereit steht, der Lebenserfahrung und politische Klugheit in einem Maße auf sich vereint, wie dies einem um zwanzig Jahre jüngeren Politiker wohl noch nicht gegeben ist. Hoffen wir also, dass die Weichen schnell gestellt werden und der aktuelle Erste Mann im Staat seinen sinnlosen Kampf endlich aufgibt. Geholfen ist uns dann aber nur zum Teil: Bezahlen müssen wir ihn und seine junge Frau sowieso bis an deren Lebensende...

Alles wie immer: Die Heuschrecken fressen sich weiter satt (15. Januar 2012)

So wirklich einen Ruf zu verlieren haben sie nicht, die sogenannten **Hedgefonds**. Eher schon einen zu verteidigen, und zwar einen saumäßig schlechten. Und den haben sie nicht zu Unrecht. Heute erhalten sie den „Klodeckel des Tages" für ihr Taktieren beim angestrebten Schuldenschnitt für Griechenland. Klopfte sich im vergangenen Herbst die hohe Politik noch gegenseitig auf die Schultern, weil sie der Finanzbranche einen Forderungsverzicht von 50% auf griechische Staatsanleihen abgerungen hatte, so ist längst klar, dass dies bloß ein Scheingefecht war. Die von den Rating-Agenturen per Androhung der Totalabstufung erzwungene Freiwilligkeit entpuppte sich rasch als Schlupfloch. So war bald offenkundig, dass die angestrebte Beteiligung des Finanzsektors bei weitem nicht erreicht würde. Das aber ist die wesentliche Grundvoraussetzung für weitere Hilfen der EU und des IWF. Nun steht Griechenland vor dem Abgrund und das Sterben auf Raten könnte schon im März sein Ende finden. Dann nämlich, wenn es nicht gelingt, die üppige Schuldenentlastung von 100 Milliarden Euro zu erreichen, die Griechenland benötigt, um auslaufende Anleihen in Höhe von fast 15 Milliarden Euro zu refinanzieren. Während inzwischen ziemlich sicher ist, dass der ursprünglich angestrebte Schuldenschnitt von 50% nicht ausreicht, selbst wenn alle mitmachten, haben die meisten Hedgefonds signalisiert, dass sie sich dem Deal entziehen werden. Sie haben stattdessen in großem Maßstab entsprechende Kreditausfallversicherungen zu ihren Anleihen gekauft – da kann die Pleite gerne kommen. Es konnten auch nur die naivsten Zeitgenossen darauf gesetzt haben, dass gerade diejenigen, die auf die hellenische Insolvenz viel Geld gewettet haben, den Eintritt des gewinnbringenden Ereignisses verhindern helfen würden. Um die Staatspleite abzuwenden müssen also wieder mal die Steuerzahler in die Bresche springen, allen voran die deutschen.

Doch auch das wird nicht viel helfen, denn Fachleute sind sich einig, dass selbst ein vollständiger Forderungsverzicht aller Gläubiger Griechenland nicht mehr aus der Schuldenklemme befreien kann. Wir werden also noch in vielen Jahren gutes Geld schlechtem hinterherwerfen, wenn die politisch Verantwortlichen dem Land nicht erlauben, sich aus der Euro-Zone zurückzuziehen, um wieder wettbewerbsfähig zu werden. Aber werden sie dann noch die deutschen Panzer und Waffen kaufen? Und wer gibt Europas Banken die Milliarden zurück, die sie in Griechenland in den Sand gesetzt haben? Das sind die eigentlichen Überlegungen der Politik und sie erklären auch das Hin und Her des politischen Taktierens. Den Hedgefonds kann das egal sein: Sie gewinnen immer – egal in welche Richtung die Politik gerade schlingert. Und wenn die Banken alle ihre Schrottanleihen erstmal an die öffentliche Hand losgeworden sind, kann die Finanzbranche wieder zur Tagesordnung übergehen...

Föderalismus verkehrt: Wenn immer einer da ist, der zahlt (22. Januar 2012)

Der heutige „Klodeckel" geht mal nicht an eine Person oder Organisation, sondern an einen inzwischen komplett aus dem Ruder gelaufenen Umverteilungsmechanismus, der zu Recht einmal mehr in der Diskussion steht. Nach Art. 107 Abs. 2 Satz 1 des Grundgesetzes soll der **Länderfinanzausgleich** sicherstellen, dass „die unterschiedliche Finanzkraft der Länder angemessen ausgeglichen" wird. Er soll also Bundesländern, die wegen geografischer, demografischer, struktureller oder anderer Erschwernisse weniger finanzkräftig sind, bei der Verringerung ihrer Defizite helfen. Zu diesen Erschwernissen zählten die „Väter" unseres Grundgesetzes allerdings keinesfalls Großmannssucht, Verschwendung und Wählerstimmenkauf. Sie gingen nach den schlimmen Erfahrungen des II. Weltkriegs offenbar davon aus, dass sich die Deutschen, befreit von der Diktatur und beseelt vom Frieden, künftig verantwortungs- und maßvoll begegnen würden. Das ging nur für kurze Zeit gut, und heute wissen wir es besser. „Der Mensch ist dem Menschen ein Wolf", stellte bereits Thomas Hobbes im 17. Jahrhundert fest. Jeder nimmt sich, was er kriegen kann – das ist im Kleinen nicht anders als im Großen. Und deshalb jubeln die Freibierstaaten das Geld nur so zum Fenster raus, denn aus Bayern, Hessen und Baden-Württemberg kommen ja jedes Jahr zuverlässig immer neue Milliarden, aus Hamburg immerhin ein paar Millionen. Und sonst? Fehlanzeige! Zwei Drittel der Bundesländer nehmen lieber, als zu geben. Ein Anreiz zum Sparen wird dabei natürlich nicht geschaffen. Es verwundert vor diesem Hintergrund schon sehr, wie zahlreich die Stimmen sind, die sich auch hierzulande Euro-Bonds und eine Transferunion vorstellen können. Denn warum soll in Europa unter fremden Völkern und Kulturen funktionieren, was eine einzelne Nation bei sich nicht hinbekommt? Aber das ist wieder ein anderes Thema. Zurück zum Länderfinanzausgleich: Mittlerweile führt der Umverteilungsmechanismus dazu, dass bis auf Bayern sämtliche Geberländer Haushaltsdefizite verbuchen müssen und umgekehrt eine Reihe von Nehmern durch die Transferzahlungen der Länder Überschüsse erwirtschaften. Im Klartext: Hessen macht zum Beispiel Schulden, um das riesige Loch im Säckel Berlins zu stopfen! Man muss schon kerngesund sein, um das gerecht zu finden. Klageandrohungen der Zahlmeister gibt es immer wieder, bis jetzt konnten sich die Schuldenmacher jedoch auf den fehlenden politischen Mut verlassen. Es wird äußerst interessant sein zu beobachten, wie lange der Föderalismus es noch aushält, dass die vielen Nassauer gar nicht daran denken, selbst für eine Verbesserung ihrer finanziellen Situation zu sorgen. Warum lassen wir Hessen, Bayern und Baden-Württemberger uns das nur gefallen? Wann wird das System endlich wieder vom Kopf auf die Füße gestellt?

Da, wo's so schön ist: Lippenbekenntnisse beim Après-Ski (29. Januar 2012)

Den heutigen „Klodeckel" erhält das **Weltwirtschaftsforum in Davos**, das in der abgelaufenen Woche einmal mehr die sogenannte und selbsternannte globale Elite in die schneesicheren Schweizer Berge lockte. Mehr als 2.500 Teilnehmer zählten die Organisatoren in den fünf Tagen des Happenings, das neben Partys und Wintersport auch Podiumsdiskussionen und andere Formen des Gedankenaustauschs bot. Die ausschließlich mit sich selbst beschäftigte Schickeria aus Politik, Wirtschaft und Wissenschaft unterhielt sich dabei ganz hervorragend. Der hohe Anspruch des alljährlichen Debattierclubs wurde allerdings auch 2012 wieder deutlich verfehlt, was kaum verwundert, war es doch in all den Jahren zuvor nicht anders. „Den Zustand der Welt zu verbessern", lautet das Credo der Ausrichter – sicher ein hehres Ziel, aber eben auch nicht viel mehr als ein Alibi, um es sich als Top-Manager, Spitzenpolitiker oder Chef-Ökonom einfach mal samt Entourage für einige Tage so richtig gut gehen zu lassen und mit seinesgleichen in entspannter Atmosphäre zwanglos zu relaxen. Aber auch ohne sarkastische Betrachtung, die zu leicht als Neid daher kommen mag, stellen objektive Beobachter nüchtern fest, dass mehr als je zuvor die Diskussion unterschiedlicher Lösungsansätze diesmal in der Darlegung der eigenen Standpunkte steckenblieb. Immer weniger sind Ökonomen und Politiker diesseits und jenseits des Atlantiks gewillt, einander zuzuhören oder gar voneinander zu lernen. Die Geschäftswelt wiederum hat sich sowieso weitgehend aus der politischen Diskussion zurückgezogen, wenn sie nicht gerade selbst Teil des Finanzwesens ist. Und der Zusammenbruch all der hübschen Modelle, an die sich Volkswirtschaftler weltweit seit Jahrzehnten sklavisch geklammert haben, führt inzwischen zu einem Glaubwürdigkeitsverlust, der es den Top-Vertretern der Zunft schwer macht, Ernst genommen zu werden. Impulse gingen von Davos also nicht aus, und die zentrale Frage nach Sinn und Nutzen einer politisch durchgepeitschten europäischen Integration wurde kaum diskutiert, geschweige denn beantwortet. Dies wäre ein fruchtbares Feld wissenschaftlicher Betätigung, gewesen, trägt es potentiell doch die Saat für künftige Spannungen gerade in Europa. Aber weitaus wichtiger als die Erörterung von Zukunftsfragen waren den Teilnehmern die aktuellen Schwelbrände und die Beschäftigung mit der tristen Historie. Alles in allem also ein ziemlich nutzloses Treffen für die Welt, aber eine tolle Woche für die Urlauber-Elite bei besten Wintersportverhältnissen und gut gekühltem Champagner. Auf dass es im nächsten Jahr wieder so schön wird in Davos, damit man mal ein paar Tage von den vielen Krisenherden abschalten kann...

Justitia im Integrationswahn – die peinliche Pfälzer Posse (5. Februar 2012)

Heute geht der „Klodeckel" an **Jochen Hartloff**. Kennen Sie nicht? Keine Sorge, das müssen Sie auch nicht – und Sie sollten den Namen auch schnell wieder vergessen. Hartloff ist der Justizminister des Landes Rheinland-Pfalz, das neben seinem Wein vor allem für den Hang zum ausgiebigen Feiern der „Närrischen Jahreszeit" bekannt ist, die in diesen Tagen wieder ihrem Höhepunkt entgegenstrebt. Vielleicht hat auch genau dies eine Rolle gespielt – entschuldigen lässt sich Hartloffs Entgleisung damit aber nicht. Der SPD-Politiker schlägt doch allen Ernstes vor, im deutschen Zivilrecht islamische Scharia-Gerichte zu verankern. Die Scharia unterteilt Menschen je nach ihrem Verhältnis zum islamischen Glauben in verschiedene rechtliche Kategorien, welche den Rechtsstatus einer Person festlegen. Man sollte meinen, der Jurist Hartloff sei darüber informiert, dass der Europäische Gerichtshof für Menschenrechte in Straßburg die Scharia in mehreren Verfahren als „inkompatibel mit den fundamentalen Prinzipien in der Demokratie" eingestuft hat. Hartloff hingegen verweist darauf, dass auch die Kirchen und der Sport ihre eigene Gerichtsbarkeit hätten. Was er wohlweislich verschweigt, ist die Tatsache, dass diese nur über innerkirchliche bzw. sportrechtliche Angelegenheiten befinden dürfen und zumindest in letzterem Fall immer noch der Weg zu den Zivilgerichten offen steht. Quer durch Deutschland war am Freitag der Aufschrei des Entsetzens zu hören. Selbst der Koalitionspartner von den Grünen hielt sich mit Beifall zurück, was angesichts der Thematik nahezu sensationell erscheint. Hartloffs Parteifreunde hingegen hoffen still, dass der Sturm der Entrüstung rasch vorüberzieht. Und wer konnte die Aufregung so ganz und gar nicht verstehen? Natürlich unsere Verfassungsfreunde von der Linkspartei, die offenbar innigste Sympathien für die Unmenschlichkeiten hegen, die im Namen des Islam begangen werden. Scharia-Gerichte werden jedenfalls nicht kommen, soviel stellte das Bundesjustizministerium sogleich klar. Da kann man wirklich nur froh sein, dass dieser Bereich in die Gesetzgebungskompetenz des Bundes fällt. Unterstützung gab es für Hartloff aber dann doch noch: Der Zentralrat der Muslime, ohnehin kein Organ, das sich besonders integrationsfördernd hervortut, konnte sein Glück kaum fassen und sekundierte freudig erregt, die Scharia trage zur Entlastung deutscher Gerichte bei. Die Schnapsidee ist sicherlich bald wieder vom Tisch, doch es ist traurig, dass Hartloff es Ernst meint. Es sind Politiker wie er, die sich für die großen Förderer der Integration halten, jedoch die Gräben in der längst gescheiterten multikulturellen Gesellschaft mit unausgegorenen, weltfremden und provozierenden Vorschlägen noch tiefer aufreißen als sie ohnehin sind.

0180-t-e-u-e-r: Lassen Sie sich bitte nicht abzocken! (12. Februar 2012)

Heute hänge ich den „Klodeckel" mal den vielen Tausend Abzocker-Firmen um, die sich mit **kostenpflichtigen Sonderrufnummern** eine goldene Nase verdienen. Aktueller Anlass ist die vom Bundesrat in dieser Woche beschlossene Reform des Telekommunikationsgesetzes. Schlimm genug, dass nach Branchenschätzungen die Bundesbürger im Jahr 2011 in sinnlosen Warteschleifen annähernd 150 Millionen Euro verloren haben – ohne die Kosten der Esoterik- und Sex-Hotlines; wer doof genug ist, dort anzurufen, darf bitte auch gerne kräftig blechen. Nicht von ungefähr hat allerdings die Europäische Union schon längst eine Richtlinie erlassen, die verhindern soll, dass Anrufern ohne jede Gegenleistung das Geld aus der Tasche gezogen wird. Doch die Kritik muss viel weiter gehen: Auch teuere Sonderrufnummern zur Warenbestellung, zur Klärung von Unstimmigkeiten bei der Rechnungsstellung oder zur Beauftragung von Dienstleistungen sind eine unfassbare Dreistigkeit. Diese Unsitte jedoch haben unsere wirtschaftsgefälligen Politiker nicht angetastet, und so können Unternehmen auch weiterhin fröhlich ihre Kunden abkassieren. Lange genug lag das Gesetz wegen großer Begehrlichkeiten der Bundesländer ohnehin auf Eis. Die Länder störten sich vor allem daran, dass der ihnen zufließende Erlös aus der Versteigerung neuer Mobilfunklizenzen nur allzu mager ausfallen und sie bei neuen Rundfunklizenzen aus ihrer Sicht zu wenig Mitsprache erhalten sollten. Man fragt sich als Wähler und Bürger, was nun das eine mit dem anderen zu tun haben soll – aber so läuft halt der Kuhhandel zwischen den staatlichen Ebenen. Wie es politische Unsitte ist, hatte die Bundesregierung bei der Reform des Telekommunikationsgesetzes neben der verbraucherfreundlichen Initiative auch allerlei andere Vorhaben eingebaut, wohl wissend, dass selbst die von ihren Parteifreunden geführten Bundesländer das Paket nicht mittragen würden. Der nun erreichte

Kompromiss ist nicht der große Wurf, das war wohl auch kaum zu erwarten. Und da es wie immer eine großzügig bemessene Übergangszeit gibt (wofür und warum eigentlich?), dauert es noch ein ganzes Jahr, bis das Abkassieren in Warteschleifen endlich untersagt ist. Hier ein Tipp an alle Verbraucher: Im Internet gibt es mittlerweile gute Datenbanken, die zu der überwiegenden Zahl von Abzocker-Nummern die Festnetznummer auflisten. Probieren Sie doch mal Portale wie www.0180.info aus. Sie werden erstaunt sein, wie viele teuere Servicenummern dort mit der normalen Rufnummer hinterlegt sind – und täglich kommen weitere hinzu. So werden Warteschleifen zwar kaum zum Vergnügen, der Frust über sinnlos verprasstes Geld gehört dann aber immerhin mehr und mehr der Vergangenheit an.

Hintze in Hochform – die Seligsprechung des Herrn Wulff (19. Februar 2012)

Der heutige „Klodeckel" beschäftigt sich mit dem Rücktritt des Bundespräsidenten, geht aber an **Peter Hintze** (CDU). Der frühere evangelische Pfarrer hat sich in den vergangenen Wochen mit unendlicher Güte schützend vor sein Schäfchen Christian Wulff gestellt. Kein Sachargument war ihm einleuchtend genug, kein Fehlverhalten des vom Volk bereits als „Bimbespräsident" Geschmähten zu grob, als dass er abgelassen hätte von der irrwitzigen Idee, um Verständnis für seinen Parteifreund zu werben. So weit ging Hintzes Auftrag, dass man sich in einigen Talkrunden an die Auftritte der Mitglieder des früheren Politbüros erinnert fühlen musste. Da wurde die Wahrheit zurechtgebogen und die Realität in einem Maß negiert, das jeder Satiresendung zur Ehre gereicht hätte. Dass Hintze das kann und die Kanzlerin mit ihm auf den fähigsten Verteidiger Wulffs gesetzt hatte, daran konnte kein Zweifel bestehen. Ohne rot zu werden oder gar mit der Wimper zu zucken, versuchte er mit allerlei Erfindungsreichtum auch noch die unerhörteste Volte des Herrn Wulff umzudeuten. Geschult als ehemaliger Generalsekretär der CDU, war ihm dies alles andere als fremd und schien ihm gar Vergnügen zu bereiten. Wochenlang war Hintze als Sprachrohr Merkels bemüht, vom eigentlich zentralen Punkt abzulenken. Er wies darauf hin, dass keinerlei Vergehen im Sinne des Strafrechts vorlägen und wollte partout nicht einsehen, dass vor allem gröbste moralische Verfehlungen zur Debatte standen. Es spielt nämlich schlichtweg keine Rolle, ob Christian Wulff sich nun der Vorteilsnahme, Bestechlichkeit oder anderer Straftatbestände schuldig gemacht hat, oder nicht. Es reicht aus, dass sich durch eine Vielzahl von Vorfällen der Eindruck verfestigt hat, er sei ein Schnorrer und habe sein damaliges Amt als Ministerpräsident dazu missbraucht, möglichst viele persönliche Vorteile aus seinem politischen Wirken zu ziehen. Hintze hat dies selbstverständlich begriffen und wusste, dass der Eindruck spätestens Ende Januar nicht mehr zu entkräften war. Daher auch die von ihm und seiner CDU gewählte Verteidigungsstrategie, nur die strafrechtliche Relevanz zu thematisieren. Mit ihrem Antrag auf Aufhebung der Immunität hat die Staatsanwaltschaft Hannover ihm diesen Zahn gezogen. Menschen wie Christian Wulff haben in höchsten politischen Funktionen nichts verloren, und man kann nur hoffen, dass wir nie wieder von ihm hören müssen. Mit seiner peinlichen Rücktrittserklärung hat er noch einmal gezeigt, dass er völlig ungeeignet für öffentliche Ämter ist, weil diese immer ein Mindestmaß an Charakterfestigkeit erfordern.

Hinterbänkler als Hinterwäldler – das krude Weltbild der CSU (26. Februar 2012)

Der „Klodeckel des Tages" geht diesmal an **Norbert Geis** (CSU). Der 73-jährige Rechtsanwalt aus Bayern, der schon häufiger mit rückwärtsgewandten Äußerungen aus der Rolle fiel und dennoch seit unfassbaren 25 Jahren im Bundestag sitzt, forderte zu Wochenbeginn allen Ernstes unseren designierten Bundespräsidenten Joachim Gauck dazu auf, seine Lebensgefährtin zu heiraten, um „seine persönlichen Verhältnisse so schnell als möglich zu ordnen." Dass Gauck sich zunächst scheiden lassen müsste, was aus Sicht der Katholischen Kirche bereits als Sünde gilt, ist dem CSU-Hardliner offenbar in seinem Eifer entgangen, was ihn immerhin vor ernsthafteren gesundheitlichen Beschwerden bewahrt haben dürfte. Geis, der irgendwie in den 50er Jahren des vergangenen Jahrhunderts stehen geblieben zu sein scheint, fiel in der Vergangenheit immer wieder mit unsäglichen Parolen negativ auf. So wollte er einst als rechtspolitischer Sprecher der CSU einen Auftritt der seiner Ansicht nach obszönen Sängerin Madonna in Deutschland verbieten. Das war im Jahr 1993. Konnte dies noch als absurde Kuriosität eines Hinterbänklers durchgehen, so lässt seine mehrfach und unmissverständlich geäußerte Haltung zu Homosexuellen schon tiefer blicken. Schwule hält Geis für pervers, Homosexualität für eine Fehlentwicklung der menschlichen Natur. Er hat auch ganz besondere Ansichten zu unserer „durchrassten Gesellschaft", wie er sie einmal nannte. Die Liste der Entgleisungen ließe sich noch ein Stück weit fortsetzen, doch würde Geis damit deutlich zuviel Aufmerksamkeit zuteil. Ohnehin ist der Zeitraum überschaubar, in dem wir die Intoleranz des alten, unbelehrbaren Mannes noch werden ertragen müssen. Weitaus erschreckender ist da schon, dass sich auch jüngere Unionskollegen mit seltsam bevormundenden Forderungen und einem archaischen Familienbild zu profilieren versuchen. So brachte ein sächsischer CDU-Bundestagsabgeordneter mit dem bezeichnenden Namen Wanderwitz erst vor zwei Wochen eine Strafsteuer für Kinderlose ins Spiel. Eine durch und durch diskriminierende Idee, die schnell wieder eingemottet wurde. Denn wer maßt sich an, zu entscheiden, welcher der richtige Lebensentwurf ist? Fakt ist: Kinderlose bringen der Gesellschaft in aller Regel mehr Geld ein als sie diese kosten. Von eben jenem sächsischen Nachwuchspolitiker stammte übrigens auch einst der Vorschlag, Griechenland möge zur Tilgung seiner Schulden doch bitte seine Inseln verkaufen. Anders als bei seinem Unionskollegen aus dem bayerischen Hinterwald werden uns die Absurditäten des Sachsen leider noch lange begleiten. Wanderwitz ist erst 36 und damit gerade einmal halb so alt wie Geis.

Gier frisst Hirn: Absturz der Gewerkschaft der Flugsicherung (4. März 2012)

Der heutige „Klodeckel" würdigt den jüngsten Fehltritt der **Gewerkschaft der Flugsicherung** (GdF). Diese hat das Kunststück vollbracht, sich durch unglaubliche Selbstüberschätzung innerhalb nur weniger Wochen in kapitale Existenznot zu bringen. Die herbe Schlappe, die sich die Mini-Gewerkschaft in der abgelaufenen Woche wegen des Streiks am Frankfurter Flughafen beim Arbeitsgericht Frankfurt einfing, ist der vorläufige Höhepunkt einer wahren Serie von Managementfehlentscheidungen. Sollte der Flughafenbetreiber Fraport und die Lufthansa die angedrohten Schadensersatzklagen im hohen zweistelligen Millionenbereich wahr machen, könnte dies die Insolvenz der GdF bedeuten. Ohnehin ist bereits die Schadensersatzklage einiger Fluggesellschaften über mehr als 3 Mio. Euro anhängig. Sie geht zurück auf eine Streikandrohung im August 2011, als die GdF Mitarbeiter der Deutschen Flugsicherung zum Streik aufgerufen hatte. Aber zurück zum aktuellen Fall: Dass sich die Funktionäre einer der kleinsten Arbeitnehmervertretungen in Deutschland in einem offensichtlichen Anflug von Größenwahn mit dem größten deutschen Flughafenbetreiber angelegt haben, erschien vom allerersten Tag an grotesk, zumal die Forderungen für Außenstehende abenteuerlich waren. Da wollte man unter Geiselnahme hunderttausender Passagiere allen Ernstes mehr als eine Verdopplung der Löhne für einen Teil der Vorfeld-Mitarbeiter herausschlagen. Diese müssen sich schon bisher mit monatlich rund 3.500 Euro brutto für die relativ einfach zu erlernenden Tätigkeiten keineswegs unterbezahlt fühlen. Für die Flugzeugeinweiser gibt es – anders als in vielen Berufen, in denen Hochqualifizierte erheblich schlechter bezahlt werden – keine Ausbildung; sie übernehmen ihre Aufgaben nach kurzer Einarbeitungszeit. Letztlich wurde ihnen genau dies nun zum Verhängnis. Flugs ersetzte Fraport nämlich die streikenden Kollegen durch andere Kräfte, denen man kurzerhand die Bedienung der „Follow Me“-Fahrzeuge sowie das Schwingen der Einweiserkellen erläutert hatte. Der verzweifelte Versuch, den ins Leere laufenden Arbeitskampf durch die Anstiftung der Fluglotsen zum Solidarstreik zu retten, vollendete das GdF-Desaster. Das Frankfurter Arbeitsgericht machte dem Spuk am Mittwoch ein jähes Ende. Die Zügellosigkeit der GdF ist jedoch bezeichnend für die Auswüchse einer Gesellschaft, in der kleinste Gruppen infolge der jahrelangen Praxis falsch verstandener Solidarität in höchst unsozialer Weise ihre egoistischen Einzelinteressen auf dem Rücken der Gemeinschaft durchzusetzen versuchen. Gut, dass zumindest die Gerichtsbarkeit sich das Gefühl für Anstand und den gesunden Menschenverstand bewahrt zu haben scheint, wenn an anderer Stelle immer häufiger jedes Maß fehlt.

„Solidarität!" – wenn Gutmenschen fremdes Geld verschenken (11. März 2012)

Ulrich Schneider, Hauptgeschäftsführer des Deutschen Paritätischen Wohlfahrtsverbandes, erfreut sich des „Klodeckels des Tages". Er mokierte sich dieser Tage heftig darüber, dass die Bundesregierung über die Bundesarbeitsagentur Ende Februar ein fast 60 Jahre währendes Schlupfloch geschlossen hat. Flankiert von den bekannten Gutmenschen der grünen und linken Szene kritisierte Schneider die nunmehr erfolgte Gleichstellung Arbeitssuchender aus Süd- und Südosteuropa mit den Bürgern aller übrigen europäischen Staaten als ein „europa- und sozialpolitisch geradezu fatales Signal". Worum es dabei geht: Am 23. Februar hatte die Bundesagentur für Arbeit eine Geschäftsanweisung an ihre Jobcenter erlassen, nach der die Regelungen des Europäischen Fürsorgeabkommens (EFA) aus dem Jahr 1953 ab sofort nicht mehr anzuwenden sind. Dadurch können Einwanderer aus den vom Abkommen erfassten 17 Staaten (unter anderem Portugal, Spanien und Griechenland) künftig nicht mehr automatisch Grundsicherung in Deutschland beanspruchen, ohne jemals hier gearbeitet zu haben. Dieses Privileg war vor allem für Arbeitssuchende aus jenen europäischen Staaten eingerichtet worden, die in den 1950er Jahren überwiegend noch als Entwicklungsländer galten Was in den ersten Jahren nach Beendigung des II. Weltkriegs als stabilitäts- und vertrauensbildende Maßnahme in Zeiten des europäischen Wiederaufbaus gedacht war, hatte stillschweigend fast sechs Jahrzehnte überlebt. Längst war es an der Zeit, nicht mehr nur der eigenen Bevölkerung in der alljährlichen Weihnachtsansprache den Auftrag zu erteilen, den Gürtel enger zu schnallen, sondern auch dort anzusetzen, wo die Sozialromantiker das Füllhorn deutscher Wohltaten nicht üppig genug in der Welt verteilen können. Warum nun große Teile der SPD und der Grünen in dem überfälligen Akt eine „einseitige Aufkündigung der europäischen Solidarität" sehen, bleibt ihr Geheimnis. Dass zuvor jahrzehntelang eine Ungleichbehandlung europäischer Bürger durch die deutschen Behörden erfolgt war, schien die links-grünen Freibier-Populisten nicht zu stören. Ministeriumssprecher Flosdorff gab immerhin die passende Antwort: „Willkommenskultur bedeutet nicht die Einladung zur Einwanderung in die Sozialsysteme", ließ er Kritiker und Jammerer wissen. Aber genau das scheinen weite Teile der inzwischen überwiegend linken Parteienlandschaft für „gelebte Solidarität" zu halten. In einer Zeit, in der Milliarden an so ziemlich jeden verteilt werden, der vorher genug Geld verpulvert hat, ist es nicht mehr populär, Vernunft walten zu lassen. Viele unserer Politiker sind von dem Irrglauben besessen, die Veruntreuung deutscher Steuergelder bringe ihnen Bonuspunkte im Rest Europas ein. Diese Hoffnung dürfte sich spätestens mit den unfreundlichen Reaktionen der griechischen Bevölkerung auf die deutschen Hilfsmilliarden zerschlagen haben.

Der Unpreis des Jahres: Wie man den Bock zum Gärtner macht (18. März 2012)

Heute verleihe ich den „Klodeckel" an **Sascha Hellen**, einen Unternehmer aus Nordrhein-Westfalen, der seit 2005 einen Preis an aus seiner Sicht verdiente Personen des öffentlichen Lebens vergibt. Hatte bisher außerhalb der sich in regelmäßigen Abständen gegenseitig feiernden Schickeria aus Politik, Gesellschaft und Wirtschaft eigentlich niemand Notiz von Hellens „Steiger Award" genommen, änderte sich dies am vergangenen Donnerstag schlagartig. Da nämlich wurde bekannt, dass der türkische Ministerpräsident Recep Tayyip Erdogan einer der diesjährigen Preisträger sein sollte. Dumm nur, dass die Auszeichnung ausgerechnet Verdienste wie Toleranz und Menschlichkeit würdigt – zwei Attribute, die man Erdogan so ganz und gar nicht anheften mag. Der türkische Einpeitscher sieht seine Landsleute, die bei uns mit oder ohne deutschen Pass leben, gerne als Speerspitze des Islam in der westlichen Hemisphäre. Immer wieder sorgte er in den vergangenen Jahren für Aufregung mit der Aufforderung an die türkischen Migranten, sich nicht zu integrieren. Und auch innerhalb der Türkei lässt Erdogan keinen Zweifel daran, welchen Stellenwert Andersdenkende dort genießen. Die staatlich organisierte Unterdrückung religiöser und ethnischer Minderheiten hat System, und der Begriff der Pressefreiheit ist für den türkischen Staatsführer ein Fremdwort. Wozu das von Erdogan propagierte Frauenbild führt, erleben wir hierzulande mit grausamer Regelmäßigkeit, wenn wieder einmal ein als „Ehrenmord" verniedlichtes heimtückisches Abschlachten der eigenen Blutsverwandtschaft für Aufsehen sorgt. Mit Erdogan an der Spitze der Türkei ist es kein Wunder, dass die Türken in Deutschland im Grunde die einzige muslimische Gemeinschaft sind, die sich der Integration zunehmend verweigert. Das hat weniger mit dem Islam selbst zu tun, als vielmehr mit einem archaischen Weltbild, das führende Politiker wie Erdogan etwa den ohnehin mit einem völlig überzogenen Selbstverständnis aufwachsenden jungen türkischen Männern vermitteln. Und als wäre dies alles nicht genug, hatte die geplante Preisverleihung so ganz nebenbei noch eine äußerst pikante Fußnote: Ausgerechnet Ex-Kanzler Gerhard Schröder, über den die Dortmunder SPD-Politikerin Marita Hetmeier spöttelte, er scheine wohl „Gefallen daran zu finden, sich Potentaten mit zweifelhafter demokratischer Gesinnung als Lobhudler anzudienen", wollte sich als Laudator hergeben. Vielleicht geht ja im nächsten Jahr der Preis nach Nordkorea, dann kann Hellen bei Schröder noch mal anfragen. Am Ende zog die Türkei die diplomatische Notbremse und sagte den Auftritt Erdogans bei der unrühmlichen Preisverleihung kurzfristig unter einem Vorwand ab. Na, das ist ja gerade noch mal gut gegangen.

„Jetlag light": Der Unsinn mit der Zeitumstellung (25. März 2012)

Der „Klodeckel des Tages" geht an den 1915 verstorbenen englischen Geschäftsmann **William Willett**, der als Erfinder der Sommerzeit gilt. Seiner mit viel Aufwand begründeten Initiative zur besseren Ausnutzung des Tageslichts haben wir es letztlich zu verdanken, dass auch bei uns und inzwischen einheitlich in der Europäischen Union an jedem letzten Sonntag im März unser Biorhythmus ohne erkennbaren Nutzen durcheinandergebracht wird. Zwar konnte sich Willett interessanterweise ausgerechnet in seinem Heimatland nicht durchsetzen, doch in Deutschland wurde die Sommerzeit noch während des I. Weltkriegs erstmals eingeführt. Später experimentierten Europa und die USA unentwegt mit unterschiedlichen Sommerzeitmodellen. Die übrigen Kontinente ließen abgesehen von einzelnen afrikanischen und südamerikanischen Ländern die Finger von der Uhr. Dass volkswirtschaftlicher Nutzen und Energieeinsparung – die ursprüngliche Motivation für die aufwändige Zeitumstellung – bestenfalls gering sind, stellte das Umweltbundesamt bereits 2005 fest. Dennoch ist die Sommerzeit für die europäischen Staaten längst von höchster Brüsseler Stelle festgezurrt. Angeblich, so die Befürworter, die sich nach den Erkenntnissen der Bundesbehörde nun andere Argumente suchen mussten, steigert die zusätzliche Dosis Tageslicht durch die Zeitverschiebung unser Wohlbefinden beträchtlich. Mit Russland hat sich dennoch das immerhin größte Land der Erde inzwischen vom Blödsinn der Zeitumstellung wieder verabschiedet. Wir aber werden uns weiterhin der Albernheit beugen müssen, Ende März eine kurze Nacht verordnet zu bekommen, um Ende Oktober abermals für mehrere Tage mit gestörtem Biorhythmus aufzuwachen. Übrigens gibt es tatsächlich handfeste Argumente, wenn man sich mit den Auswirkungen der Sommerzeit ernsthaft beschäftigt. Sie alle sprechen eimdeutig gegen die Uhrenumstellung: Neben den

Kosten für die zweimalige jährliche Maßnahme sind dies vor allem ein messbarer Anstieg von Wildunfällen wegen des in die Morgendämmerung vorverlegten Berufsverkehrs und die volkswirtschaftlichen Schäden infolge der aus dem Gleichgewicht gebrachten inneren Uhr. Da hätte man es doch lieber beim Spaß belassen sollen, den sich Benjamin Franklin aus der Sache machte. Der zu den Gründervätern der Vereinigten Staaten von Amerika zählende Politiker und Geschäftsmann schlug Ende des 18. Jahrhunderts wegen des hohen Kerzenverbrauchs einen früheren Tagesbeginn vor, hätte aber sicher nie für möglich gehalten, dass es einmal zum Schildbürgerstreich kommen könnte, die Uhren zu verstellen.

„April, April!" – oder vielleicht doch nicht!? (1. April 2012)

Den „Klodeckel des Tages" hat sich diesmal **Cem Özdemir**, Bundesvorsitzender der Grünen, verdient. Mit seinem Vorschlag, angesichts der immer weiter steigenden Spritpreise die in den deutschen Zoos zahlreich vorhandenen Straußen, Elefanten und Ziegen als Transportmittel einzusetzen, stieß er parteiübergreifend auf Verwunderung. „Es gibt in den 700 Zoos und Wildparks in Deutschland mehr als 10.000 Nutztiere, die durchaus dafür in Frage kommen, den auf unseren Straßen immer weiter zunehmenden Lkw-Verkehr zurückzudrängen. Sie stehen aber nur in den Tierparks für Schaulustige rum – das ist nicht mehr zeitgemäß und echt dekadent", so Özdemir in einer Stellungnahme. Co-Vorsitzende Claudia Roth ergänzte: „Die Zoos nehmen die unvorstellbare Fläche von 20 Quadratkilometern ein, die dem biologischen Anbau vollständig verloren geht. Dagegen müssen wir Grüne kämpfen." Auch die Pferdezucht und -haltung gehört laut Roth auf den Prüfstand. „Dass Menschen Pferde einfach nur zum Spaß halten, können wir nicht mehr länger hinnehmen. Das müssen wir verbieten, denn Pferde sind zu wichtig als Transportmittel. Notfalls muss eine Pferdesteuer für alle Besserverdienenden ab 30.000 brutto her." Jürgen Trittin, der sich erst mit zweitägiger Verspätung in die inzwischen heftig geführte Debatte einschaltete, schlug vor, auch Kühe und Legehennen in die Überlegungen einzubeziehen. „Es kann doch nicht angehen, dass die nur zum Eierlegen und Milchgeben taugen sollen, da muss man schon mehr erwarten." Trittin versprach, sich für eine EU-Initiative stark zu machen, die unter wissenschaftlicher Begleitung einen Stundenplan ausarbeiten soll, in dem die „Versorgungs- und Transportintervalle" für Hühner und Kühe europaweit einheitlich geregelt sind. Einwände, die Beförderungsalternativen seien schon angesichts der um ein Vielfaches längeren Transportdauer nicht ernsthaft in Betracht zu ziehen, lässt Özdemir nicht gelten. Der Verbraucher sei heute sensibilisiert dafür, dass zum Schutz der Umwelt, das eine oder andere Transportgut auf seinem Weg von der Nordseeküste bis ins Voralpenland „ruhig mal zwei bis drei Monate unterwegs" sei. Auch bei Frischwaren sei dies nicht tragisch, könne man Bio-Gemüse doch ohnehin von fauligen Gewächshausprodukten kaum unterscheiden. Und Kleingüter könnten schnell und problemlos per Brieftaube zugestellt werden. Die Ergebnisse eines Feldversuchs in Westaustralien geben Özdemirs Vorstoß allerdings keinen Rückenwind. Dort wurde die Transporttierpopulation bereits innerhalb weniger Wochen nahezu ausgelöscht. Wilderer und Tausende vor Erschöpfung verendete Tiere machten den Initiatoren einen Strich durch die Rechnung.

Kirche der Vergangenheit: Verliebt in die eigenen Rituale (8. April 2012)

Am Osternsonntag – wie könnte es anders sein – geht der „Klodeckel" an **Papst Benedikt XVI**. In seiner Gründonnerstagsmesse im Petersdom hat das Oberhaupt der Katholischen Kirche wieder einmal Rückwärtsgewandtheit, Frauenfeindlichkeit und Weltfremdheit demonstriert. Benedikt erteilte einer Initiative österreichischer Priester nicht nur eine eindeutige Absage, sondern bezichtigte diese gar des Ungehorsams. Ob ihnen nun eine Verbrennung auf dem Scheiterhaufen droht, oder es der gnädige Heilige Vater bei deren Entlassung belässt, werden die kommenden Wochen zeigen. In jedem Fall hat die in südlichen Regionen Deutschlands auf unerklärliche Weise so populäre Katholische Kirche eines erneut unter Beweis gestellt: Hier sind mächtige alte Männer am Werk, die nicht nur so aussehen als stammten sie aus dem Mittelalter, sondern sich auch so gebärden. Wo die Evangelische Kirche auf erfrischende Weise Themen der Zeit aufgreift und sich zu Ostern gegen Egoismus und Gewalt wendet, befriedigt sich der weit überwiegende Teil der katholischen Priesterschaft an ihren archaischen Ritualen selbst. Immerhin bedient er sich dabei einmal nicht der Messdiener. Aus Angst vor den mächtigen mafiagleichen Strukturen des Vatikan mit seinen langen Armen, die bis in die Niederungen der Diözesen hinunterreichen, wird brav und bieder das immergleiche Gedankengut gepredigt. Wehe dem, der – wie die kühnen Mahner aus Österreich – die Gleichstellung der Frau oder gar die Aufhebung des Zölibats verlangt. Es gilt das Prinzip des immerwährenden Machterhalts für den Männerverein aus Rom, der wohl zu diesem Zweck auch die Benutzung von Kondomen verbietet. Es muss immer aufs Neue männlicher Nachwuchs her – für die Priester und fürs Priesteramt. Traurig, mit welch selbstgefälliger Halbherzigkeit die Katholische Kirche ihre Verbrechen und den zehntausendfachen sexuellen Missbrauch aufgearbeitet hat. Dort hätte man ihr ebensoviel Kraft gewünscht wie bei der eisernen Verteidigung ihrer Dogmen. Traurig auch, dass wir im 21. Jahrhundert selbst in Deutschland die Trennung von Kirche und Staat noch nicht vollzogen haben, weil sich der italienische Finanzkonzern über eine angeblich christlich-soziale Partei Zugang zur Mitsprache in der Politik sichert. Wer aber sein Fundament auf der Bevormundung der Menschen errichtet und Freiheit als Bedrohung empfindet, sollte in unserer Zeit keinen Platz mehr haben. Statt aus Lust am Untergang fortwährend den Liberalismus zu verteufeln, sollten sich unsere Medien mal mit diesem tatsächlichen Problem befassen. Oder herrscht auch dort die Angst vor dem selbsternannten Vertreter Gottes auf Erden?

Oma geht doch hin – der Arzt als Kummerkasten der Nation (15. April 2012)

Heute erhält Kanzlerin **Angela Merkel** höchstpersönlich den „Klodeckel". Mit dem kategorischen Nein zur Streichung der Praxisgebühr hält sie ein bürokratisches Monster am Leben, das seine Lenkungswirkung nachweislich verfehlt hat und vielen wirklich Kranken zusätzlich weh tut. Inzwischen geht jeder Deutsche im Schnitt fast 18 Mal pro Jahr zum Arzt – Zahnarztbesuche nicht einmal mitgezählt! Wenn man bedenkt, dass ein Viertel der Patienten höchstens vier Mal im Jahr beim Doktor sitzt, kann man sich vorstellen, was die Dauergäste in den Arztpraxen anrichten. So sind 20% der Patienten für 80% der Arztkosten verantwortlich, was insofern einleuchtet, als gerade die Behandlung chronischer Krankheiten viel Geld verschlingt. Dass aber die Hälfte aller Arztbesuche auf das Konto von nur 16% der Patienten geht, lässt schon eher aufhorchen. Zugegeben, mit den chronisch Kranken möchte keiner tauschen. Wöchentliche Arztbesuche sind da die Regel und leider medizinisch auch notwendig. Dazu kommen viele unnötig Einbestellte, an denen sich so manches schwarze Schaf in der Ärzteschaft bereichert. Und es gibt tatsächlich auch regionale Auffälligkeiten. Besonders bemerkenswert ist zum Beispiel, dass die Menschen in Berlin – ohnehin die Hauptstadt des Freibiers und der Schulden – bundesweit die höchsten Arztkosten verursachen. Doch machen wir uns nichts vor, die wahren Verursacher der im internationalen Vergleich noch weit erschreckender wirkenden Statistik sind ältere Frauen, die aus Einsamkeit und fehlender Ansprache mindestens einmal pro Woche den Gang zum Arzt ihres Vertrauens antreten, damit sich wenigstens ab und an eine menschliche Seele für ihr Befinden interessiert. Dafür würden sie die zehn Euro Praxisgebühr liebend gerne jedes einzelne Mal entrichten, wenn sie denn müssten – nicht nur einmal im Quartal. Und eher das sollte der eigentliche Aufreger sein, wenn über die Praxisgebühr gestritten wird: Warum sind so viele alte Menschen allein und ohne Fürsorge? Vergessen und vernachlässigt, obwohl sie zu jener Generation gehören, die es sich zur Lebensaufgabe gemacht hat, für Kinder und Familie da zu sein. In einer Welt voller Egoismus und Selbstverwirklichung sind die „Alten" oft nur noch ein Störfaktor, sobald sie beispielsweise nicht mehr als jederzeit verfügbare Betreuungseinrichtung taugen. Da wäre es fair, wenn diejenigen, die über Jahre ihren Nachwuchs bei Oma abgeladen haben, dann wenigstens deren Praxisgebühr in der Zeit danach übernehmen würden. Also, Ihr lieben jungen Eltern: Legt was beiseite, solange Eure Mutter oder Schwiegermutter Euch die Kinder abnimmt. Viele Jahre Praxisgebühr gehen anschließend ganz schön ins Geld...

„Freie Radikale" – wer sind diese Piraten wirklich? (22 April 2012)

Der „Klodeckel" schmückt diesmal den Landesvorsitzenden der Berliner Piratenpartei, **Hartmut Semken**. Dieser hatte sich im Internet – wo sonst – mit der Einsicht zu Wort gemeldet, er erkenne an, „dass wir ein Naziproblem bei den Piraten haben." Semken meinte damit jedoch nicht etwa die bekannten Rechtsradikalen in seiner Partei, sondern – wie er anschließend in seinem Blog ausführte – „die ‚Rausschmeißen' und ‚wir müssen uns abgrenzen' Immer-wieder-Herunterbeter". Einen daraufhin auch aus der Piratenfraktion geforderten Rücktritt lehnte der Landeschef ab. Schon bei ihrer ersten Bewährungsprobe als Parlamentspartei werden die Politikneulinge also ihren eigenen Moralansprüchen nicht gerecht. Es ist halt doch zu verlockend, ein Pöstchen und etwas Aufmerksamkeit zu haben. Anlass für den ganzen Wirbel war der erst nach mehrjähriger Bearbeitung am Dienstag vom Bundesschiedsgericht der Partei wegen Formfehlern zurückgewiesene Antrag des Parteivorstands, Bodo Thiesen wegen dessen bereits 2008 gemachten Äußerungen aus der Piratenpartei auszuschließen. Thiesen hatte seinerzeit Aufsehen erregt, weil er Polen für den deutschen Überfall verantwortlich machte, der den Beginn des II. Weltkrieges markierte. Auch die Existenz des Holocaust stellte er damals in Frage. Der Vorgang verdeutlicht, dass die Piratenpartei jede Menge ernster Probleme hat: Als Sammelbecken für alles und jeden zieht sie allerlei Extremisten an, die nirgendwo sonst mehr unterkommen. Es gelingt ihr angesichts ihrer Offenheit nach allen Richtungen nicht, sich ein von den Mitgliedern weithin akzeptiertes inhaltliches Profil zu geben. Und der ausgeprägte Wunsch, alle über alles mitentscheiden zu lassen und sich so wenig Regeln wie möglich zu geben, baut auf einem Menschenbild auf, an dem schon viele gescheitert sind. Wie immer im Leben wird Freiheit eben auch missbraucht. Und in einer Partei, die alles zulässt, gedeihen radikale Gesinnungen ganz vorzüglich – egal, ob am linken oder rechten Rand. Keine gute Figur gibt dabei Sebastian Nerz ab, der ziemlich blasse Bundesvorsitzende der „Computer Nerds", der in der skurrilen Truppe immer ein wenig wie der verklemmte Streber wirkt, der im Halbdunkel der Disco verloren an seiner Cola nippt, während sich alle anderen amüsieren. Er sieht kein Problem radikaler Tendenzen innerhalb seiner Partei, die darüber hinaus für ein vernehmbares Maß an Frauenfeindlichkeit bekannt ist. Pikant: Mit Dietmar Moews will Ende April ausgerechnet einer für den Bundesvorsitz kandidieren, den nicht wenige in der Piratenpartei im rechten Lager verorten. Was Moews etwa zum „Weltjudentum" zu sagen hat, kann man sich in seinem Videoblog anhören. Dann doch lieber den putzigen Herrn Nerz…

Bohlens eigene Welt: Was Du nicht willst, das man Dir tu... (29. April 2012)

Zum Finale einer flauen DSDS-Staffel erhält heute **Dieter Bohlen** den „Klodeckel des Tages". Dies jedoch nicht wegen des im Vergleich zu früheren Staffeln nochmals gesunkenen Niveaus der Darbietungen der pubertierenden Möchtegern-Künstler. Was sich diesmal an jedem Samstagabend ausgewalzt zu einer endlosen Selbstbeweihräucherungsorgie zutrug, grenzte zeitweise an Körperverletzung. Dies war auch darauf zurückzuführen, dass hier am Ende fast nur noch stimmlich reichlich limitierte Teenies mitwirkten, nachdem alles, was optisch nicht dem gängigen „Boygroup"-Klischee entsprach, beim Telefon-Voting feuchten Mädchenträumen zum Opfer gefallen war. Es scheint keineswegs ausgeschlossen, dass dies nun also die letzte DSDS-Staffel war. Aber davon soll hier gar nicht die Rede sein. Den „Klodeckel" erhält Bohlen für seinen Rechtsstreit gegen die Bundesrepublik Deutschland. Allen Ernstes hatte dieser schon vor rund drei Jahren den Europäischen Gerichtshof für Menschenrechte (EGMR) angerufen, weil er sich von seinem Land nicht ausreichend geschützt fühlt. Das Thema wurde ohne erkennbaren Anlass just am Tag des DSDS-Staffelfinales von der Bild-Zeitung in riesigen Lettern aufgewärmt – sicher kein Zufall und ganz offensichtlich Teil einer Kampagne zur Rettung der ziemlich mickrigen Einschaltquote. Grund für Bohlens Klage vor dem EGMR waren Werbeplakate einer Zigarettenmarke, durch die er sich seinerzeit verunglimpft fühlte. Nun ist es jedermanns gutes Recht, in diesem Fall die Gerichte anzurufen. Das tat der selbsternannte Pop-Titan und verlor in letzter Instanz vor dem Bundesgerichtshof, Deutschlands höchstem Gericht. Auch das Bundesverfassungsgericht, das Bohlen anschließend bemühte, lehnte seine Verfassungsbeschwerde ab. So müssen sich also bald die Richter in Straßburg seines Falles annehmen, deren eigentliche Arbeit sich um tatsächliche Menschenrechtsverletzungen und Gräueltaten dreht. Es ist wirklich ein Treppenwitz, das ausgerechnet jener Dieter Bohlen, der bei jeder sich bietenden Gelegenheit rücksichtslos die Gefühle junger Menschen verletzt, sie in den Castings verunglimpft und dafür in der Vergangenheit auch bereits juristisch belangt wurde, sich nun verfolgt fühlt und seine Menschenwürde in Gefahr wähnt. Würdelosigkeit ist über all die Jahre zum DSDS-Markenzeichen geworden. Immerhin darf wohl angenommen werden, dass Bohlens Klage vor dem EGMR keinen Erfolg haben wird. Aber ums Recht geht es ihm womöglich auch gar nicht. Es ist das Schicksal einer jeden Theaterdiva, dass ihr die Massen irgendwann nicht mehr so zujubeln, wie sie dies früher einmal taten. Da möchte man im Gespräch bleiben – egal wie.

Gierige IG Metall – wenn jeder sich selbst der Nächste ist (6. Mai 2012)

Der heutige „Klodeckel" geht nach Zuffenhausen. Stellvertretend für die warnstreikende Porsche-Belegschaft bekommt ihn deren Betriebsratsvorsitzender **Uwe Hück**. Der ehemalige Thai-Boxer, der auch genauso aussieht und auftritt, schlug in dieser Woche martialische Töne an. Vorsorglich kündigte er schon einmal an, dass in diesem Jahr bereits „im Mai der Tannenbaum brennen" werde und nicht erst im Dezember. Grund für Hücks markige Donnerstagsrede war der von der IG Metall ausgerufene Warnstreik, der branchenweit und damit eben auch bei den Autoherstellern für einen mehrstündigen Ausstand sorgte. Dass ausgerechnet die Porsche-Arbeiter mitstreikten, muss den neutralen Beobachter schon sehr verwundern, hatte doch jeder von ihnen erst vor kurzem eine „genial-intergalaktische Sonderzahlung" (O-Ton Hück) von 7.600 Euro erhalten. Dies allerdings kümmert Hück wenig, der die Unverfrorenheit auf eine einfache Formel brachte: „Deshalb sind wir IG Metall. Wir sind solidarisch." Aus dieser Haltung spricht ein eigentümliches Solidaritätsverständnis, dass die Beschäftigten offenbar zwar den Gewerkschaftskollegen, nicht jedoch ihrem Arbeitgeber entgegenbringen. Und nicht nur Porsche, sondern auch die anderen großen Hersteller haben ihre Belegschaft zu Jahresbeginn mit einer rekordverdächtigen Sonderzahlung erfreut. Schnell abhaken und zurück zum Tagesgeschäft, oder wie Hück es so entlarvend formulierte: „Wer hat, der gibt, und wer nicht hat, der nimmt." Und am liebsten hätten sie halt noch mehr, eben „nicht nur die Krümel, die nebenbei mal abfallen", wie Hück meint. Man muss kein Prophet sein, um zu ahnen, dass die daraus sprechende frühsozialistische Sicht der Welt – hier der böse, raffgierige Unternehmer, da die bedauernswertem, ausgebeuteten Arbeiter – demnächst zu Arbeitskämpfen führen wird, die wir seit dem Ende des letzten Jahrtausends eigentlich hinter uns wähnten. Vielleicht sollten die Gewerkschaftler sich einfach die Mühe machen, sich ihren Lohnzettel mal genau anzusehen. Im Geldbeutel bleibt nicht deshalb immer weniger hängen, weil etwa die Unternehmen immer knauseriger würden, sondern weil sich der Staat immer mehr holt. Und daran sind nicht zuletzt die Gewerkschaften und ihre sozialistischen Helfer Schuld, die sich den alles versorgenden Gouvernantenstaat wünschen. Dumm gelaufen: Mit den üppigen Sonderzahlungen dringen die Beschäftigten der Automobilbranche nun in gehaltliche Regionen vor, in denen sich Einkommensteuer und Sozialabgaben spürbar niederschlagen. Die Arbeitgeber sollen es nun richten – doch sie sind die falschen Ansprechpartner…

Totale Solarüberförderung: Wie man mit Ideologien reich wird (13. Mai 2012)

Diesmal geht der „Klodeckel" an die **Solarkürzungsverweigerer** im Bundesrat. Die Vertreter der Bundesländer, in denen Schuldensozialisten und Öko-Ideologen an der Regierung beteiligt sind, stoppten am Freitag das zuvor vom Bundestag beschlossene Gesetz zur dringend benötigten weiteren Eindämmung der Solar-Subventionen. Unfassbare 57% aller in der Welt installierten Solaranlagen stehen in Deutschland – und das „Oma-Geschäft" mit der Einspeisevergütung treibt die wundersamsten Blüten. Scheunen wurden mancherorts nur zu dem Zweck errichtet, ein Dach zu schaffen, auf dem sich die gewinnbringenden Solarzellen installieren lassen. Das nicht zustimmungspflichtige Gesetz wird am Ende gottlob doch kommen, aber hier und jetzt ging es der SPD natürlich darum, dem CDU-Umweltminister und NRW-Spitzenkandidaten Röttgen zwei Tage vor der Landtagswahl keinen Erfolg zu verschaffen. Auch einige CDU-regierte Bundesländer mit Solarstandorten stimmten allerdings im Bundesrat gegen die neuerliche Kürzung. Der Verlust einiger Hundert Arbeitsplätze vor Ort übersetzt sich eben rasch mal in Tausende fehlender Wählerstimmen – was zählt da das Gemeinwohl? Doch nicht die Kürzung, sondern die Beibehaltung der unanständigen Förderhöhe sollte die protestierenden Massen in Scharen auf die Straße treiben. Dass sich jeder mit Solarzellen auf dem Dach über die für 20 Jahre garantierte Einspeisevergütung eine goldene Nase auf Kosten der Allgemeinheit verdienen kann, ist hochgradig unsozial. Es ist dabei schon frappierend, dass sich gerade in den Milieus, in denen das große Wort von der Solidarität in keinem Satz fehlt, offenbar jeder selbst der Nächste ist, wenn es auf Kosten der Gesellschaft etwas zu holen gibt. Allein im laufenden Jahr werden die deutschen Stromkunden für die EEG-Umlage 14 Mrd. Euro berappen müssen, wovon über 7 Mrd. Euro auf die Photovoltaik entfallen. Dass bereits heute rund 650 Unternehmen mit einem jährlichen Mindeststromverbrauch von 100 Gigawattstunden lediglich eine kleine Aufmerksamkeitsprämie und nicht etwa die üblichen 3,6 Cent pro Kilowattstunde zahlen, ist ein zusätzliches Ärgernis, das die meisten Bürger sanft schlummernd verpasst haben. Vielleicht kann man den einen oder anderen ja mit dem Hinweis wachrütteln, dass sich durch die geplante Senkung des Mindeststromverbrauchs auf 10 Gigawattstunden ab 2013 zahlreiche weitere Firmen kaum mehr an der EEG-Umlage werden beteiligen müssen. Die Privathaushalte zahlen den Obolus für die von der Ökomafia erzwungene Energiewende dann fast ganz allein – und die Lehnsherren mit dem Solarmodul auf dem Dach verdienen weiterhin prächtig daran.

Röttgens Abgang: Willst Du nicht gehen, so brauch ich Gewalt (20. Mai 2012)

Nach einer arg turbulenten Woche, in der die Landtagswahl in Nordrhein-Westfalen nachwirkte, geht der „Klodeckel" an **Norbert Röttgen**, den Ex-Bundesumweltminister und Ex-Anwärter auf die Kanzlerkandidatur sowie Ex-Spitzenkandidat und Ex-Landesvorsitzender der NRW-CDU. Es konnte einem schon im Wahlkampf Leid tun, wie ein so erfahrener Politiker die Zeichen der Zeit nicht erkannte und sein eigenes politisches Grab von Tag zu Tag tiefer schaufelte. Nicht nur, dass er stümperhaft agierte und gegen die ohne politische Themen auskommende Hannelore Kraft immer weiter ins Hintertreffen geriet. Röttgen schaffte es sogar, es sich mit der Bundeskanzlerin, seiner langjährigen Mentorin, zu verscherzen, indem er die Landtagswahl zur Abstimmung über deren Euro-Kurs hochstilisierte, um sie auf diese Weise für den Fall einer Niederlage mit ins Boot zu holen. Dass er erkennbar an den Pfründen des Jobs als Bundesminister hing und ziemlich deutlich signalisierte, die schnöde Landtagsarbeit im Fall einer Wahlniederlage dann lieber doch nicht machen zu wollen, gab ihm schon lange vor dem Wahlsonntag den Rest. Die Kette von Fehleinschätzungen und das Ausmaß politischer Dummheit erinnerten – wenn auch gänzlich anders gelagert – an Christian Wulff (zur Erinnerung, das ist einer der Ex-Bundespräsidenten). Röttgens politische Karriere ist mit dem humorlosen Abschuss also unehrenhaft zu Ende gegangen. Dass dieses so harsch und plötzlich kam, ist der beharrlichen Realitätsverweigerung des ehemals großen Hoffnungsträgers der CDU geschuldet: Röttgen, der in den letzten Jahre so eng wie kaum ein anderer mit der Kanzlerin zusammengearbeitet hatte, musste wissen, dass Angela Merkel keine Gefangenen nimmt. Ihn in einen Wahlkampf zu schicken, von dem sie wusste, dass er nicht zu gewinnen war, mutet im Nachhinein wie das Ergebnis einer kühlen Kalkulation an. Es scheint, als habe „Mutti" die sich bietende

Chance ergriffen, den letzten verbliebenen Weggefährten zu entsorgen, der ihr irgendwann parteiintern die Kanzlerschaft möglicherweise noch hätte streitig machen können. Nahezu alle ehemaligen Anwärter, alles Männer im Übrigen, hat sie wie eine Gottesanbeterin „verspeist" – und dies sogar ohne vorheriges Liebesspiel. Gerade ihr Umgang mit Röttgen steht sinnbildlich für eine Politikerin, die fälschlicherweise für die verständnisvolle Kümmerin gehalten wird. Die CDU hat sie inzwischen fast all ihrer Führungspersönlichkeiten beraubt. Schlimmer noch: Ihre Strategie, aus der CDU eine bessere SPD zu machen, hat viele Stammwähler verprellt, ohne die sozialdemokratische Klientel an die Union zu binden. Wenn Merkel 2013 abtreten muss, bleibt von der CDU nicht mehr viel übrig – weder inhaltlich, noch personell.

Jeder gegen jeden im Vatikan – von allen guten Geistern verlassen (27. Mai 2012)

Am Freitag machte der Vatikan seinem zweifelhaften Ruf mal wieder alle Ehre. Und so geht der „Klodeckel" an **Ettore Gotti Tedeschi**, den gefeuerten Leiter des skandalträchtigen "Instituts für religiöse Werke", wie der Vatikan seine undurchsichtige Bank nennt. Nach nicht einmal drei Jahren im Amt musste nun jener Tedeschi gehen, der mit dem hehren Ziel angetreten war, ein für alle mal mit dem angeblichen Vorurteil aufzuräumen, in der Vatikanbank gehe es nicht mit rechten Dingen zu. Die Mission ist mit seinem Abgang kläglich gescheitert, was die Spekulationen nährt, es könnte etwas dran sein an den bösen Vorwürfen, die so ganz und gar nicht zum christlichen Selbstverständnis der Katholischen Kirche passen. Seit einigen Jahrzehnten nun schon wird regelmäßig über enge Verbindungen zwischen dem Vatikan und der Mafia spekuliert, was Stoff für zahlreiche Filme und Bücher war. In einem Land, in dem auch der ehemalige Regierungschef die Vorwürfe einer Verstrickung mit dem organisierten Verbrechen nie wirklich ausräumen konnte, hält man derlei nicht für abwegig. Der Abtritt des Finanzchefs ist eine Zuspitzung, die alles mitbringt, was ein moderner Politthriller so braucht: Da ist die geheimnisumwitterte Bank, die von Transparenz gar nichts hält und über ein schier unvorstellbares Vermögen wacht, dessen Herkunft sie mit viel Energie verschleiert; da ist Ex-Bankchef Tedeschi, der als vermeintlicher Geldwäscher seit den staatsanwaltschaftlichen Ermittlungen gegen ihn im September 2010 im Zwielicht steht; da ist die Veröffentlichung hochbrisanter geheimer Dokumente im vergangenen März, die den Papst in Erklärungsnot brachte – auch hier soll Tedeschi laut der italienischen Nachrichtenagentur ANSA seine Finger im Spiel gehabt haben; und schließlich wird all das überlagert vom Machtkampf innerhalb der Kurie, in der keiner dem anderen traut und schon gar nichts gönnt. Mit der Festnahme eines ehemaligen engen

Papstvertrauten erreichte der Thriller zum Wochenende den vorläufigen Höhepunkt. Bemerkenswert ist auch, dass der Vatikan samt seiner seltsamen Bank, deren Bezeichnung irgendwie an das Selbstverständnis der Investmentbanker erinnert („Wir tun Gottes Werk!"), im März dieses Jahres durch die Vereinigten Staaten von Amerika auf die „schwarze Liste" der korruptesten Staaten der Welt gesetzt wurde, die im Verdacht stehen, Geldwäsche und Drogenkriminalität zu unterstützen. Und das Krisenmanagement des Kirchenstaates trägt nicht gerade dazu bei, das düstere Bild zu erhellen. Aber so war es ja auch schon beim Missbrauch zigtausender junger Messdiener…

Marode Linkspartei: Der sterbende Patient zuckt noch mal (3. Juni 2012)

Sie streiten sich wie die Kesselflicker – treffender als mit der alten deutschen Redewendung kann man den Zustand der zerrütteten **Linkspartei** nicht beschreiben, die für ihr unappetitliches Gezerre um die neue Parteiführung den heutigen „Klodeckel" erhält. Der Parteitag hat am späten Samstagabend entschieden, doch man muss kein Prophet sein, um vorauszusehen, dass damit keine Ruhe in die tief gespaltene Ex-SED mit Westanbindung einkehren wird. Immerhin ist Katja Kipping – der weit bekanntere Teil der Doppelspitze – zumindest nicht als Ideologin verschrien. Genau das dürfte ihr allerdings am Ende innerhalb einer Organisation, die vor allem von Ideologien und Feindbildern lebt, zum Verhängnis werden. Ihr Co-Vorsitzender Bernd Riexinger bringt zudem die schwere Hypothek mit, als Lafontaine-Vertrauter zu gelten. Das wird die fast unlösbare Aufgabe nicht gerade erleichtern. Die Linkspartei besteht seit dem Zwangszusammenschluss der PDS und der im Westen von SPD-Abtrünnigen gegründeten WASG im Jahr 2007 bis heute aus zwei völlig unterschiedlichen Lagern, die im Grunde unvereinbar sind. So wie die Mehrzahl aller Firmenfusionen an den unüberbrückbaren kulturellen Unterschieden scheitert, passt auch bei den vereinigten Sozialisten nicht zusammen, was nicht zusammengehört. Reichlich Führungspersonal hat „Die Linke" bereits verschlissen. Sie alle scheiterten an der Aufgabe, die Grabenkämpfe zu beenden, die zwischen den Lagern in West und Ost immer neu entbrennen. Hier die kommunistischen Zellen, die das Parteibild im Westen prägen, dort die „Systemverbesserer" im Osten, deren politische Motivation sich aus der bitteren Selbsteinschätzung speist, zu den Verlierern der Marktwirtschaft zu gehören. Im Grunde ist es daher egal, wer nun die Linkspartei in die nächsten Wahlen führt. Dass sie spätestens seit dem „Piraten-Hype" in der politischen Landschaft inzwischen überflüssig geworden ist, war auch ohne Führungskrise erkennbar. In Schleswig-Holstein und Nordrhein-Westfalen landete die Linkspartei im statistisch irrelevanten Bereich, während ihnen die Linken von den Piraten weit enteilten. Und wäre da nicht die tendenziell für linkes Gedankengut eher aufgeschlossene Presse, so müssten wir uns über die (Ex-)Kommunisten heute schon keine Gedanken mehr machen. Ein monatelanges Medien-Bashing wie es die FDP aushalten muss, hätte die frühere SED nicht überlebt. Und so scheitern die Linken an eben jener hässlichen Eigenschaft, die der Gesinnung innewohnt: Sie gönnen niemandem auch nur das Schwarze unterm Fingernagel – nicht einmal andersdenkenden Parteikollegen den fairen politischen Diskurs. Von der Missgunst getrieben, vom Neid zerfressen – das ist eben keine Basis für ernstzunehmende Politik.

Galoppierende Strompreise: Die Geister, die ich rief (10. Juni 2012)

Man könnte sich totlachen, wenn es nicht so traurig wäre. **Renate Künast** hat in dieser Woche den Vogel abgeschossen – und bekommt dafür den „Klodeckel des Tages". Allen Ernstes forderte die Bundestagsfraktionsvorsitzende der Grünen am Wochenende neue Preismodelle für den Strom, weil die Energiewende „für die Bürger bezahlbar bleiben" müsse. Das wäre an sich ein lobenswerter Vorstoß, wenn er nicht gerade von eben jener Partei käme, die uns den ganzen Schlamassel eingebrockt hat. Man muss sich das mal auf der Zunge zergehen lassen: Da sorgen die Öko-Ideologen seit Jahren dafür, dass die Energiekosten davon galoppieren und fordern nun die Stromanbieter auf, die Preise zu senken, die sie mit EEG-Umlage und allerlei sonstigen Abgaben und Steuern erst aufgebläht haben. Das wäre gerade so, als jammerte der Brandstifter darüber, dass das Häuschen niederbrennt, weil die Feuerwehr nicht genug Löschwasser dabei hat. Es war unheimlich still geworden in der grünen Ecke, seit auch der Letzte in Deutschland begriffen hatte, dass die sachlich völlig unbegründete und völlig überhastet in Angriff genommene „Energiewende" richtig Geld kostet. Immer schön grün wählen fürs Gewissen, das war mal schick. Darf ruhig auch ein paar Euro mehr kosten, so wie der Bio-Joghurt und die Freilandeier. Doch jetzt dämmert es sogar verbohrten Ideologen: Das ist ein Fass ohne Boden. Grün ist eben nicht besser, aber garantiert immer teurer. Und da ist irgendwann selbst beim Durchschnitts-Grünen, der Ökologie als Religion versteht, die Schmerzgrenze erreicht, ab der die Freude an kostspieligen Energiewendeexperimenten abhanden kommt. Schuld haben jedoch immer nur die anderen, die der Verteuerung nichts entgegensetzen. Dabei ist der Hinweis auf die Bevorzugung der Industrie sogar richtig: Diese muss nämlich – anders als der private Verbraucher – die teueren Aufschläge für den Ökostrom nur in minimalem Umfang berappen und nimmt am erzwungenen Aufbau der Ökobranche praktisch nicht teil. Die Grünen machen es sich aber zu einfach, wenn sie nun fordern, die Stromkonzerne sollten Rabatte geben. Ohne die EEG-Umlage zur künstlichen Beatmung der grünen Totgeburt wäre der Strompreis fast 4 Cent pro Kilowattstunde billiger. Ehrlicher wäre es da schon, zuzugeben, dass wir alle immer tiefer in die Tasche greifen müssen, um die Zeche für die ideologische Verantwortungslosigkeit einer fanatischen Minderheit zu zahlen – doch welcher Abhängige gibt sein Drogenproblem schon freiwillig zu? Das gilt auch für die Grünen. Diese können froh sein, dass ihnen die Fußball-EM die Aufmerksamkeit stiehlt. So haben viele Menschen Renate Künasts Energiepreis-Heuchelei vermutlich gar nicht mitbekommen…

Verhasste Herdprämie – ein Boykott, der die Demokratie stärkt (17. Juni 2012)

Mit dem leidigen Betreuungsgeld befasst sich der heutige „Klodeckel". Den erhält diesmal der Parlamentsgeschäftsführer der CDU/CSU-Bundestags-fraktion, **Michael Grosse-Brömer**. Er scheiterte am Freitag gleich bei seiner ersten Bewährungsprobe, als es ihm nicht gelang, eine ausreichende Anwesenheit der Parlamentarier seiner Fraktion sicherzustellen. So etwas wäre seinem diensteifrigen Vorgänger Peter Altmaier ganz sicher nicht passiert, der sich eher den Ringfinger abgetrennt hätte als zu riskieren, „seine" Kanzlerin schlecht aussehen zu lassen. Doch der nette Herr Altmaier wird ja nun anderweitig gebraucht. So muss bei der Union mittlerweile die dritte Reihe ran – mit den für alle sichtbaren Konsequenzen. Der Koalitionspartner von der FDP nutzte die sich bietende Chance, um ebenfalls mit den Füßen abzustimmen. Aus gutem Grund und mit der mehrheitlichen Unterstützung von Bürgern und Parlamentsparteien sprechen sich seit Wochen auch die Liberalen gegen die blödsinnige CSU-Idee einer „Herdprämie" aus, die nur der stockkonservativen Klientel in Bayern gefallen kann. Und den vielen nicht integrierten Ausländern, die ihre Kleinkinder sowieso daheim lassen – und dies zukünftig auch noch bezahlt bekommen sollen. Nordrhein-Westfalens FDP-Chef Christian Lindner brachte es in einem Satz auf den Punkt: „Mit Geld, das wir nicht haben, soll eine soziale Wohltat finanziert werden, die niemand will." Der Opposition kann man es ganz sicher nicht verübeln, dass sie über den „Hammel-Trick" die Verschiebung der ersten Lesung im Bundestag erwirkte und damit die Verabschiedung des Gesetztes bis zum Herbst verzögert. Da können sich die Generalsekretäre Hermann Gröhe (CDU) und Alexander Dobrindt (CSU) noch so sehr aufregen – die Schuld liegt bei ihren eigenen Fraktionen. Nur 211 Abgeordnete waren zuvor im Plenarsaal erschienen und damit viel zu wenig. Allein von der Koalition fehlten sage und schreibe 126 Parlamentarier, wobei selbst in den Unionsparteien jede Menge Verweigerer vermutet werden dürfen. So gesehen war die Pleite kein Unfall, sondern auch dort Kalkül, und man darf nun guter Hoffnung sein, dass das Betreuungsgeld am Freitag damit bereits zu Grabe getragen worden ist. In Anlehnung an die Fußball-Europameisterschaft bezeichnete Dobrindt das Fernbleiben der vielen Oppositionsabgeordneten übrigens als „kleines dreckiges Foulspiel". Apropos EM: Schon immer haben Regierungsparteien das vierwöchige Spektakel großer Fußballturniere gerne dazu genutzt, bei der Bevölkerung nicht mehrheitsfähige Vorhaben ohne großes Aufsehen durchzuwinken. Das ging diesmal gründlich daneben. Insofern markiert der von der Opposition erzwungene „Hammelsprung" nicht etwa den „Gefrierpunkt der demokratischen Kultur", wie Dobrindt meint, sondern zeugt vielmehr von einer wehrhaften Demokratie.

Der EnBW-Deal: Die Politik als Marionette gieriger Banker (24. Juni 2012)

In Deutschland hat der verhasste Banker, der sich kalt lächelnd über alle guten Sitten hinweg setzt, seit dieser Woche ein unschönes Gesicht. Es ist das von **Dirk Notheis**, dem Deutschland-Chef von Morgan Stanley, einer der großen US-Investmentbanken, die nicht nur Mitverursacher der seit vier Jahren tobenden Finanzmarktturbulenzen ist, sondern seither an der Krise auch prächtig verdient. Die „Verrichter des Werkes Gottes", wie der Chef der Konkurrenz von Goldman Sachs sich selbst und seine Kollegen so gerne sieht, sind längst zur Tagesordnung zurückgekehrt und bedienen sich wie gehabt rücksichtslos am Gemeinwohl. Der am Mittwoch öffentlich gewordene Email-Verkehr zwischen Notheis und Stefan Mappus, dem damaligen Regierungschef von Baden-Württemberg, belegt auf bemerkenswerte Weise, welch Geistes Kind der oberste Vertreter Morgan Stanleys in Deutschland ist. In der Zurschaustellung von Gier und Selbstherrlichkeit sind seine Emails Zeitdokumente, die alle negativen Superlative bedienen, welche der Branche anhaften. Treffend brachte es Ludwig Poullain auf den Punkt, Angehöriger einer fast vollständig ausgestorbenen Spezies ehrenwerter Bankiers, vor denen man noch Hochachtung haben konnte, weil sie ihr Geschäft als Diener für ihre Kunden verstanden und sich ehernen Prinzipien verpflichtet fühlten. Er beschrieb Notheis nicht nur als „dreist, ungehobelt und schamlos", sondern bescheinigte ihm, „jegliches Gefühl für Takt und Anstand vermissen" zu lassen. Mir fallen weit weniger milde Formulierungen ein, wenn ich lesen muss, dass Notheis offenbar nicht nur den Ministerpräsidenten eines der potentesten Bundesländer herumkommandierte, sondern auch ansonsten nicht eine Spur Respekt vor Ämtern, Personen oder wenigstens moralischen Mindeststandards zu besitzen scheint. Da ist in der Kinderstube offenbar arg viel schief gelaufen. Ich selbst habe mich einige Jahre beruflich in den Gefilden einer Investmentbank bewegt – und kann mir die Sorte Mensch, die wir hier erleben, bestens vorstellen. Mindestens so erbärmlich ist allerdings, dass sich ein gestandener Politiker als Marionette in einem falschen Spiel missbrauchen lässt. Man muss sich fragen, wer da tiefer gesunken ist, Mappus oder Notheis. Als wegen des Atomausstiegs der schmutzige Deal des Kaufs der Mehrheitsanteile am Energiekonzern EnBW durch das Land Baden-Württemberg, zum Fiasko geriet, sollte auch die renommierte Anwaltskanzlei Gleiss Lutz, die das Land beriet, mit in die Tiefe gerissen werden. Doch dies gelang weder Mappus, noch Notheis. Es wäre zu schön, wenn Morgan Stanley Notheis den Stuhl vor die Tür setzen und dieser auf keinem nennenswerten Posten mehr landen würde. Vorerst bekommt er wenigstens mal den „Klodeckel" verpasst…

Gescheiterter Euro-Fighter: Der Abgang des Hans-Peter Keitel (1. Juli 2012)

So schnell kann es gehen: Gerade noch Titelstory mit einem flammenden Appell zugunsten allerlei milliardenschwerer Euro-Rettungseskapaden, kurz darauf schon fast Geschichte. Es wird nicht viel bleiben von **Hans-Peter Keitel**, Präsident des Bundesverbandes der Deutschen Industrie (BDI), an das man sich wirklich erinnern wird. Sein erfolgloses Strampeln gegen die vom spanischen Staat mit protektionistischer Maßlosigkeit erzwungene Übernahme von Hochtief durch ACS. Sein vehementes Eintreten für die letztlich gekippte Laufzeitverlängerung für Atomanlagen. Seine eher magere Bilanz an der Spitze des mächtigen Interessenverbandes der deutschen Großindustriellen. Nein, selbst alle früheren Ehrungen, die fast selbstverständlich in einer sich gegenseitig immer wieder hochleben lassenden Clique einem Industriemanager so zufliegen, können nicht mehr darüber hinweg täuschen, dass Keitels Zeit vorbei ist. Und so kommt der gelernte Bauingenieur seiner Demontage zuvor und verkündet überraschend, im kommenden Jahr nicht wieder für den BDI-Vorsitz zu kandidieren. Sein Nachfolger wird ausgerechnet ein Familienunternehmer. Was war passiert? Mit seinem zu Wochenbeginn mit großem Pathos in einer deutschen Wirtschaftszeitung gehaltenen Plädoyer für das Eingehen maximaler Risiken in der Staatsschuldenkrise ist Keitel weit über das Ziel hinaus geschossen – und die Mehrheit der BDI-Mitglieder wollte ihm dabei nicht mehr folgen. Er hatte unterschätzt, wie sehr sogar innerhalb des BDI die unaufhörliche Ausweitung des deutschen Haftungsrisikos inzwischen auf Unbehagen stößt. Keitels Gegner sind nicht mehr nur die Familienunternehmer, deren Verbandsspitzen ihn nach seinem einseitigen Bekenntnis zum Schuldenmachen prompt ins Kreuzfeuer nahmen. Selbst die Industrieschwergewichte können sich zunehmend weniger für eine ausufernde Schuldenunion begeistern. Sie begreifen allmählich, dass auch für sie nichts mehr bleibt, wenn der deutsche Kuchen vom Rest Europas aufgegessen worden ist. Keitels Position ist da anders: Ganz im Geiste globaler Konzerne, die ihre Gewinne dort versteuern, wo es am günstigsten ist, ihre Produktionsstätten verlagern, wenn der Boden hierzulande zu heiß wird und sich ihrer enormen Macht gegenüber erpressbaren Regierungen bewusst sind, befürwortet er den unbegrenzten Einsatz deutscher Steuermittel zur Subventionierung von Absatzmärkten – und natürlich den Verbleib Griechenlands in der Euro-Zone, was man beim Bundesverband der Deutschen Sicherheits- und Verteidigungsindustrie sicher gerne hört. Doch das Credo des BDI-Präsidenten ist pures Eigeninteresse, verkleidet im Gewand der Fürsorge für deutsche Arbeitsplätze. Wir müssen ihn in seinem Amt nicht mehr lange ertragen, und man wünscht sich, dass auch all die Politiker, die am Freitag die Demokratie verraten haben, ihre Quittung so schnell erhalten, wie der auf Abruf stehende BDI-Chef.

Wo der Sozialstaat genau hinsieht – und wo lieber nicht (8. Juli 2012)

Der Staatsapparat ließ in diesen Tagen seine Muskeln spielen. Und wie fast immer ging es dabei ums liebe Geld. Oder? Den „Klodeckel" bekommt jedenfalls **Heinrich Alt**, Vorstandsmitglied der Bundesagentur für Arbeit (BA). Stein des Anstoßes war die Ankündigung eines politisch aktiven Hartz-IV-Beziehers, künftig auf die „Stütze" verzichten zu wollen, weil er die Gängelei durch die Bundesagentur satt habe. Dieser ist es nämlich ein Dorn im Auge, dass „junge Lebenskünstler mit 1,0-Abitur und Studium", wie Alt es am Freitag formulierte, Sozialleistungen beziehen. Der Standpunkt ist natürlich sehr zu begrüßen, bemerkenswert ist es aber schon, dass ein Mitglied des BA-Vorstands beim Vorsitzenden einer Partei anruft, um sich zu vergewissern, ob denn der betroffene BA-„Kunde" für seine Vollzeittätigkeit wirklich kein Entgelt bekomme. Der Vorgang hat etwas unfreiwillig Komisches und lässt Heinrich Alt doch beschädigt zurück. Es ist nicht anzunehmen, dass Alt in seiner Funktion jemals zuvor persönlich bei dem vermeintlichen Arbeitgeber eines Leistungsempfängers vorstellig geworden ist. Dass er nun selbst zum Hörer griff, muss schon erstaunen. Irgendwie drängt sich der Verdacht auf, dass politische Motive eine Rolle gespielt haben könnten. Es ist aller Ehren Wert, wenn sich ein derart vielbeschäftigtes Vorstandsmitglied höchstpersönlich darum kümmert, dass die mühsam erwirtschafteten Steuer-Euros nicht nur an Schmarotzer und Faulpelze verschwendet werden. Zu leicht scheint es hierzulande, sich auf Kosten der Gesellschaft recht gut durchzuschlagen. Da sind die Tafeln, bei denen mehr oder weniger Bedürftige Woche für Woche kostenlos ihren Familienbedarf an Lebensmitteln und Feinkost decken. Da gibt es ein engmaschiges Netz, das Familien mit Kindern auch ohne Erwerbstätigkeit besser stellt als deren arbeitende Pendants. Da wird der Hartz-IV-Satz als üppiges Taschengeld ausbezahlt und die Kosten für

Wohnung, Krankenversicherung und vieles mehr vom Amt übernommen. Ja, man kann nur feststellen: Deutschlands Arbeitslosen geht's gut! Nun ist es im vorliegenden Fall offenbar immerhin nicht so, dass sich da etwa ein Mitbürger staatliche Leistungen erschlichen hätte. Ganz im Gegenteil führt das ungewöhnliche Interesse von allerhöchster Stelle wohl dazu, dass der Berechtigte gleich ganz verzichtet. Leider verfolgt aber der gute Herr Alt nur diesen Fall mit solchem Eifer. Wie wichtig wäre es für unsere geschundenen Sozialkassen, wenn er sich dem offensichtlichen Missbrauch mit der gleichen Beharrlichkeit auch bei den vielen anderen Leistungsempfängern widmen würde. Da hat mancher Mitarbeiter vor Ort bereits resigniert oder ist längst von gut organisierten Familienclans aus aller Welt eingeschüchtert worden. Ein baldiger Ortstermin in den einschlägigen Vierteln deutscher Großstädte wäre doch mal eine Idee, lieber Herr Alt. Anrufen können Sie dann ja immer noch.

Schäubles Euro-Eifer und das Bundesverfassungsgericht (15. Juli 2012)

Die unendliche Geschichte der Banken-Rettung beschäftigt uns weiterhin. Offiziell nennt man sie ja maskierend „Euro-Rettung", weil das so viel schöner klingt. Und dabei geht der heutige „Klodeckel" an einen, der momentan alles tut, um sich in Europas Politik beliebt zu machen. Bundesfinanzminister **Wolfgang Schäuble** würde wohl zu gerne Nachfolger des amtsmüden Euro-Gruppen-Chefs Jean-Claude Juncker werden. Da macht es sich gut, Schuldensünder bei Laune zu halten, die spätestens zum Jahreswechsel über die Neubesetzung entscheiden werden. Dass Frankreich aus Angst vor dem zu einflussreichen Nachbarn Schäuble ablehnt, ist bekannt. So muss dieser die Unterstützung damit erkaufen, dass er sich beim „Club Med" aus Griechen, Italienern, Portugiesen und Spaniern als glaubhafter Retter der Währungsunion profiliert – und sei es auf Kosten seiner politischen Prinzipien. Dies wurde einmal mehr deutlich, als das Bundesverfassungsgericht am vergangenen Dienstag zur Anhörung in Sachen ESM lud. Deutschlands oberste Richter haben die wenig beneidenswerte Aufgabe, darüber zu urteilen, ob die Politik mit der Ratifizierung des „Ermächtigungsgesetzes" zu weit gegangen ist. Viele, allen voran die weit über 20.000 Kläger, sehen dies so. Sie prangern an, dass Deutschlands Bundestagspolitiker in einer unheilvollen Allianz gegen das Grundgesetz verstoßen, indem sie dem unwiderruflichen Rettungsschirm zustimmen. Der wohl bald zuständige ESM-Gouverneursrat wird absolute juristische Immunität genießen, keinerlei Aufsichts- oder Rechnungslegungspflichten unterliegen, weder wählbar, noch abrufbar sein und insbesondere ein uneingeschränktes Zugriffsrecht auf das volkswirtschaftliche Vermögen eines jeden Mitgliedsstaates haben. Was sich liest, wie die Nacherzählung der Machtergreifung durch die Nationalsozialisten ist keine Fiktion, sondern die traurige Wirklichkeit. So wird es – wenn niemand mehr Einhalt gebietet – ab 2013 kommen. Da ist es gut, dass sich der Präsident des Bundesverfassungsgerichts Andreas Voßkuhle einige Monate Zeit zu nehmen gedenkt, um mit seinen Kollegen des Zweiten Senats sehr genau zu prüfen, ob dies von unserem Grundgesetz gedeckt ist. Finanzminister Schäuble hat sein Urteil längst gefällt: Alles easy, kein Verfassungsbruch. Mit selbstgerechter Ignoranz der grundgesetzlich verbrieften Gewaltenteilung treibt er das höchste Gericht zur Eile an und lässt keine Gelegenheit aus, um zu erklären, dass die Prüfung der Rechtmäßigkeit Zeitverschwendung ist. Mit verräterischer Miene scheint er über die Albernheit des Bundesverfassungsgerichts zu schmunzeln, zu glauben, es könne am Lauf der Dinge etwas ändern. Eine pikante Randnotiz: Unsere Kanzlerin hätte Voßkuhle (wie alle ihr unbequemen Persönlichkeiten) im Frühjahr am liebsten auf das Amt des Bundespräsidenten weggelobt – damit er ihr künftig nicht mehr in die Quere kommt? Man wendet sich angesichts solcher Machenschaften mit Ekel ab.

Beck und der Nürburgring: Warum haften Berufspolitiker nicht? (22. Juli 2012)

Heute geht der „Klodeckel" an **Kurt Beck** (SPD), den Ministerpräsidenten von Rheinland-Pfalz. Zerknirscht musste der ehemalige Elektromechaniker Mitte der Woche eingestehen, dass sein Lieblingsprojekt, die Nürburgring GmbH, einen kapitalen Kurzschluss erlitten hat. In einem offensichtlichen Anflug von Größenwahn hatte Beck über Jahre insgesamt 330 Millionen Euro öffentlicher Mittel in den Aufbau eines Hotelkomplexes samt Freizeitpark an der traditionsreichen deutschen Rennstrecke in der Eifel gepumpt. Selbstverständlich konnten die Investitionen dabei nicht gigantisch genug ausfallen. Wenn man schon Geld ausgibt, das einem gar nicht gehört, dann doch bitte richtig! Wo der Normalbürger mit eigenen Mitteln bei der Wohnungseinrichtung an allem nicht unbedingt Notwendigem spart, greifen hauptamtliche Politiker gerne ins oberste Regal. Und so umfasst der riesige Komplex eine Großdiskothek, acht Restaurants, eine Spielbank, eine Mehrzweckhalle und einen ganzjährig geöffneten Erlebnispark mit der vermeintlichen Hauptattraktion der schnellsten Achterbahn der Welt. Nun ist das Projekt – und mit ihm Beck – grandios gescheitert. Wie Fachleute bereits bei der Eröffnung im Jahr 2009 befürchtet hatten, war es ein naiver Traum zu glauben, man könne schon ein Jahr später Gewinne erzielen, wie dies Beck seinerzeit in Aussicht gestellt hatte. Ganze 500 zusätzliche Arbeitsplätze versprach er sich außerdem in der strukturschwachen Region. Selbst diese mickrige Zahl wurde niemals auch nur annähernd erreicht. Wer fährt schon in die Eifel, nur um mal in einen Freizeitpark zu gehen? Wer macht dort Urlaub, wenn es in fast jedem Winkel Deutschlands mindestens ebenso attraktive Regionen gibt? Und was soll eine Spielbank dort? Oder die Riesendisko? Man kann nur zu dem Schluss kommen, dass sich der eitle Herr Beck – wie die meisten seiner in Wirtschaftsfragen äußerst dürftig gerüsteten Berufskollegen – von seinem Beraterstab hat einlullen lassen. Und wie es offenbar üblich ist, wurde dieser wohl von Lobbyisten gesteuert, die ihren Klienten auf Kosten des Steuerzahlers die Taschen füllen. Die beauftragten Firmen haben jedenfalls beim Bau der Großanlage prächtig verdient – und die Insolvenz trifft jetzt ausschließlich das Land (90%) und den Landkreis Ahrweiler (10%). Beck kann es egal sein – es gibt ja noch den Länderfinanzausgleich. Und in den zahlt neben Bayern der liebe Nachbar Hessen üppig ein, übrigens seit Bestehen fast ununterbrochen. Allein im vergangenen Jahr kamen mehr als 1,8 Milliarden Euro von der anderen Rheinseite! Da können die Genossen in Berlin, in Bremen und in Rheinland-Pfalz (die drei westdeutschen Länder, die sich 2011 am gierigsten bedient haben) fröhlich weiter Freibier ausschenken. Und die Hessen machen Miese, um die Schulden auf der anderen Rheinseite zu bezahlen. Wie absurd ist das denn?

Solidarität unter Piraten: Jedem das Seine, mir das Meiste! (29. Juli 2012)

Sie sind eben auch nicht besser als all die anderen: Kaum an den Fleischtöpfen der Politik angekommen, ist es vorbei mit den einst so edlen Vorsätzen. Gierig ist der Mensch, selbstsüchtig und schlecht. So muss man Goethes berühmten Imperativ nach dem Aufschrei der Empörung aus dem Kreis der insgesamt 45 Landtagsabgeordneten der **Piratenpartei** wohl abwandeln. Voller Unverständnis und im charakteristisch-schnoddrigem Tonfall weigern sich die Mandatsträger der „Linkspartei mit Internetanschluss" vehement, einer quer durch alle Parteien üblichen Praxis zu folgen, einen Teil ihrer üppigen Abgeordnetendiäten an ihre Partei zu spenden. Wie schon seine Vorgänger scheitert auch der erst im Frühjahr gewählte Bundesvorsitzende Bernd Schlömer mit dem Versuch, seine anarchistisch geprägte Chaostruppe zu einer politisch halbwegs arbeitsfähigen Partei zu formen, die bereit ist, sich wenigstens den Grundregeln gemeinschaftlichen Wirkens zu unterwerfen. Dabei vergessen die Poltik-Azubis völlig, dass sie nicht ihrer hübschen Gesichter wegen oder gar aufgrund besonders kluger politischer Ideen in die vier Landtage geschwemmt worden sind, sondern ausschließlich aufgrund eines vorübergehenden Hypes um eine neue linke Kraft in Deutschland, der bereits wieder abebbt. Ohne „ihre" Piratenpartei, die ihnen zunächst einmal überhaupt eine Plattform zur eigenen Darstellung geboten und schließlich vor allem den Wahlkampf finanziert hat, würden die 45 IT-Nerds nicht im Parlament sitzen, sondern noch friedlich hinter ihrem Laptop schlummern, Pickel ausdrücken und Pizza kauen. Dabei nimmt man viele Anfängerfehler der Piraten angesichts mangelnder Highlights im Sommerprogramm der Fernsehsender noch schmunzelnd zur Kenntnis. So etwa, dass die Landespartei in Niedersachsen demnächst bereits ihren dritten Anlauf nehmen muss, um – dann vielleicht ohne erneute Formfehler – endlich ihre Kandidatenliste für die Landtagswahl 2013 aufzustellen. Oder den auf dem niedersächsischen Parteitag verhängten teilweisen Presseausschluss, der einen Fingerzeig gibt, was die Piraten mit „Klarmachen zum Ändern" meinen: Offenbar geht es dabei um die Einschränkung der Pressefreiheit. Transparenz ist eben immer nur bei den anderen gut. Doch zurück zu den Systemgünstlingen, die den Hals nicht voll genug bekommen können. Wie es Anhängern linker Gesinnung so eigen ist, finden auch die Piraten Geld immer nur dann doof, wenn die anderen es verdienen. „Jedem das Seine, mir das Meiste!" Oder, wie es der schleswig-holsteinische Abgeordnete Uli König formuliert, „45 Piraten können nicht die Bundespartei durchfüttern." Eine seltsame Sicht, die nur eines offenbart: Der sprichwörtliche Neid linksradikal Veranlagter lässt es nicht einmal zu, ihren Gesinnungsgenossen den „fairen Anteil" zu gönnen, den sie selbst stets so gerne einfordern.

Der olympische Box-Betrug: Aserbaidschans geplatzter Deal (5. August 2012)

Seit mehr als einer Woche ziehen die Olympischen Sommerspiele Millionen Sportbegeisterte in ihren Bann. Tolle Leistungen, spannende Stunden und dramatische Momente hat uns das faszinierende Großereignis bereits beschert. Aber leider auch Skandale. Und für den bislang größten geht der „Klodeckel" heute an den turkmenischen Box-Ringrichter **Ischanguli Meretnijasow**. Er war der Einzige in der Arena, der im Kampf des Japaners Satoshi Shimizu gegen den Aserbaidschaner Magomed Abdulhamidov Letzteren am Ende nach Punkten vorne gesehen hatte. Unter dem kollektiven Aufschrei der Zuschauer in der Halle erklärte er diesen zum Sieger, nachdem Abdulhamidov von seinem haushoch überlegenen Gegner zuvor insgesamt gleich sechsmal zu Boden geschickt worden war und den Ring nur mit der Hilfe seiner Betreuer verlassen konnte. Während des Kampfes musste der neutrale Beobachter voller Mitleid mit ansehen, wie der bedauernswerte Aserbaidschaner auf dem Boden umherkrabbelte und sich an Shimizus Beinen festzuhalten versuchte, um weiteren Schlägen zu entgehen. Nun wäre ohnehin die Frage zu klären, ob Boxen überhaupt ein Sport ist. Wenn sich zwei offenbar gewalttätige Männer (oder mittlerweile auch Frauen) kräftig auf die Nuss hauen, fällt es mir schwer, darin eine Sportart zu erkennen. Genauso gut könnte Beinstellen oder Anspucken olympisch sein, wenn man sich vor Augen hält, dass auch hier das richtige Timing, eine geschickte Technik und die nötige Ausdauer über den Sieg entscheiden. Zurück zum Boxen. Dass immer dort, wo Punktrichter subjektiv entscheiden, auch dem Betrug Tür und Tor geöffnet wird, liegt in der Natur der Sache. Dass man damit immer rechnen muss, wenn Sportler und Funktionäre aus Nationen beteiligt sind, die in einem Gürtel von Südosteuropa bis zum Kaukasus liegen, ist auch bekannt. Doch selten hat man einen so offensichtlichen und unverfrorenen Betrug bei einem olympischen Wettbewerb erlebt. Dass aber diesmal der internationale Boxverband AIBA sogleich einschritt und dieses, sowie zwei weitere kurz darauf folgende Skandalurteile revidierte, ist eine erfreuliche Neuigkeit. Bislang war man es gewohnt, dass der Betrug schulterzuckend hingenommen wurde. Die Korrektur ist aber auch deshalb bemerkenswert, weil sich hartnäckig das Gerücht hält, AIBA habe dem aserbaidschanischen Boxsport zu zwei olympischen Medaillen verhelfen wollen. Die hohen Investitionen in ein modernes Trainingszentrum rechnen sich für das Land am Kaspischen Meer nur, wenn über Erfolge aktueller Boxer möglichst viele junge Landsleute animiert werden, ihnen nachzueifern. Zehn Millionen US-Dollar soll Aserbaidschan der Deal im vergangenen Jahr wert gewesen sein. Aus der Zwickmühle kam die AIBA nicht mehr heraus: Sie musste offenbar vertragsbrüchig werden, weil der Ringrichter so blöd war, den Betrug viel zu offensichtlich zu gestalten.

Olympia 2012: Naive Träume der deutschen Funktionäre (12. August 2012)

Begleitend zur Schlussfeier in London stehen auch heute die Olympischen Spiele noch einmal im Mittelpunkt. Dem britischen Organisationskomitee kann man nur zurufen: „Well done!" Dies gilt leider überhaupt nicht für den **Deutschen Olympischen Sportbund** (DOSB), den heutigen Träger des „Klodeckels". Der hierzulande für den Sport zuständige Innenminister Hans-Peter Friedrich (CSU) musste am Freitag zähneknirschend mit der Medaillenerwartung herausrücken, nachdem ein Journalist geklagt hatte. Zu gerne hätte man das Geheimnis für sich behalten, doch nun ist es amtlich: Der DOSB hatte 86 Medaillen eingeplant, davon 28 goldene. So abenteuerlich erscheinen die Zahlen, dass man die Funktionäre gerne fragen möchte, von was sie nachts träumen. Niemals mehr seit Barcelona 1992 ist Deutschland bei Olympischen Sommerspielen auch nur in die Nähe einer solchen Größenordnung gekommen. Im Gegenteil: Der Trend zeigt seit 20 Jahren nach unten. Dass am Ende trotz vieler Enttäuschungen mehr Medaillen heraussprangen als zuletzt in Peking, hat den Abwärtstrend bestenfalls gestoppt. Doch eine Nation mit den Möglichkeiten Deutschlands muss sich schon fragen, warum Anspruch und Wirklichkeit derart weit auseinanderklaffen. Gründe für das ernüchternde Gesamtergebnis in London gibt es sicher viele. Und natürlich haben Länder wie China, die USA oder Russland schon wegen ihrer schieren Bevölkerungsgröße Startvorteile. Dies allein aber kann es nicht sein, sonst dürfte Australien mit nur etwas mehr als einem Viertel der Einwohnerzahl keine Chance haben, mit der deutschen Ausbeute mitzuhalten. Offenbar zu Recht beklagen deutsche Spitzensportler (übrigens gerade diejenigen, die in London trotzdem Edelmetall gewannen), dass Struktur und Größenordnung der deutschen Sportförderung nicht mehr wettbewerbsfähig sind. Aber es ist nicht nur das Geld. Die meisten anderen Länder, vor allem jene, die in der Medaillenwertung vor Deutschland liegen, sehen die Spiele als Chance, durch olympische Erfolge die enorme Stärke ihrer Nation zu unterstreichen. Leider diskreditieren hierzulande linke Genossen dies allzu schnell als Nationalismus – und so darf Olympia hier nur hinter vorgehaltener Hand als nationale Aufgabe formuliert werden. In einem Land, das zunehmend am Virus der Gleichmacherei leidet und in dem Eliteförderung den Beigeschmack der Ungerechtigkeit hat, wird lieber in die Breite investiert statt in die Spitze. Wo linke Ideologien immer mehr Anhänger finden, die sich eine leistungsfreie Zukunft erhoffen, sind auch zunehmend weniger junge Menschen bereit, sich über die Schmerzgrenze hinaus zu quälen. Und es finden sich immer weniger Politiker und Funktionäre, die nicht nur hochtrabende Medaillenerwatungen formulieren, sondern auch das Rückgrat besitzen, die Latte der Anforderung auf das höchste Niveau zu legen. Dies ist der sichere Weg in die Mittelmäßigkeit, wie wir ihn in der Bildung längst beschritten haben. Goodbye Leistungsgesellschaft!

Hamburg auf Stimmenfang: Scholz schmeichelt dem Islam (19. August 2012)

Hamburgs Regierender Bürgermeister **Olaf Scholz** (SPD) bekommt heute den „Klodeckel". Mit seiner Anbiederung an den Islam hat er in dieser Woche den Vogel abgeschossen. Als erstes Bundesland hat Hamburg mit drei muslimischen Verbänden einen Vertrag abgeschlossen, der den von diesen vertretenen Gemeinden eine Fülle von Rechten zusichert. Abgesehen von der Frage, ob angesichts der Vielzahl muslimischer Interessenvertretungen eine Privilegierung nur einiger Verbände überhaupt juristisch haltbar ist, sind die nun getroffenen vertraglichen Regelungen eine Aushöhlung des Grundsatzes der Trennung von Kirche und Staat. Natürlich gilt in Deutschland die Religionsfreiheit und jeder soll ausreichend Gelegenheit erhalten, seinem Glauben nachzugehen. Dass aber derart weitgehende Zugeständnisse an den Islam gemacht werden, ist nicht nachzuvollziehen. Es bestand keinerlei Not, denn die Freiheit der Ausübung des Glaubens ist gerade in Hamburg nicht in Gefahr. Da muss man schon eher vermuten, die SPD wolle sich Stimmen für kommende Wahlen sichern. Der Vertrag, den Hamburg mit den drei Verbänden geschlossen hat, sieht vor, dass deren Angehörige neben den bundeseinheitlichen Feiertagen auch ihre eigenen Feiertage zugesichert bekommen. Das bedeutet, dass sie zu diesen Anlässen einen Anspruch auf Urlaub haben. Ein Arbeitgeber wird sich also künftig zweimal überlegen müssen, ob er Personen einstellt, die offensichtlich oder scheinbar muslimischen Glaubens sind. Noch gravierender sind die Rechte, die der Vertrag hinsichtlich der Lehre des Glaubens vorsieht, und sehr konkret sind bereits Überlegungen gediehen, den Islam im Ethik- und Religionsunterricht zu verankern. Doch als wäre dies nicht genug, sichert Hamburg den Verbänden sogar zu, sich künftig noch stärker dafür einzusetzen, dass der muslimischen Gemeinde im Rundfunkstaatsvertrag „angemessene Sendezeiten zum Zwecke der Verkündungen und Seelsorge sowie für sonstige religiöse Sendungen“ garantiert werden. Das schlägt dem Fass den Boden aus! Hier wird die Grundlage dafür gelegt, dass der Islam, wie in den muslimischen Ländern üblich, Eingang in das Staatswesen findet. Scholz verweist stolz darauf, dass den Muslimen auch vertragliche Pflichten auferlegt würden. Diese beschränken sich im wesentlichen auf die Zusicherung der Gleichstellung von Mann und Frau sowie auf ein Bekenntnis zum Grundgesetz. Es wäre zum Totlachen, wenn es nicht so traurig wäre: Das ist, als belohne man jeden Autofahrer mit einer Geldprämie, weil er vorschriftsmäßig an der roten Ampel hält. Deutsche Politiker sollten selbstbewusst genug sein, die Einhaltung unserer Gesetze ohne Gegenleistung zu fordern. Es wird wohl nicht mehr lange dauern, bis irgendwo auch eine Quote für Muslime in einem Länderparlament gefordert und festgeschrieben wird. Was ist eigentlich los in diesem Land?

Linker Populismus im Sommerloch: Mehr Urlaub für Eltern (26. August 2012)

Es war nur eine Randnotiz unter den vielen kleinen und großen Nachrichten der abgelaufenen Woche. Und gerade deswegen greife ich den Vorschlag der Linkspartei auf, um deren Vorsitzender **Katja Kipping** den „Klodeckel" zu verleihen. Gleich sechs volle Tage mehr Urlaub fordern die Linken für jeden Vater und jede Mutter in Deutschland, die Kinder großziehen. Und wenn man sich schon mal ins Freibierland geträumt hat, dann geht's auch gleich in die Vollen: Alleinerziehende sollen den Anspruch beider Elternteile auf sich vereinen können, sprich zwölf Tage mehr Urlaub im Jahr. Was so harmlos und altruistisch daherkommt, ist ein neuerlicher Beleg dafür, dass in Deutschland Ideologen und Umerzieher längst die öffentliche Debatte dominieren. Und der ausbleibende Aufschrei der Empörung zeigt, welch willenlos gefügiges Volk der Parteienstaat sich inzwischen herangezüchtet hat. Es ist ehrenwert, wenn sich Menschen dafür entscheiden, die Herausforderung anzunehmen, Kinder groß zu ziehen. Dass der Preis in jeder Hinsicht hoch ist, dass am Ende vieles schief gehen kann und geht, dass niemand vorhersagen kann, wie das Abenteuer mit durchschnittlicher Erfolgsaussicht ausgehen mag – all das hält nach wie vor viele Menschen nicht davon ab, Eltern zu werden. Gut, hin und wieder führt auch eher Unachtsamkeit oder einfach eine unbedachte emotionale Regung zu einer Schwangerschaft, aber oft ist es eben eine bewusste Entscheidung. Immer ist es jedenfalls eine ganz persönliche und – wenn man es nüchtern betrachtet – höchst egoistische Entscheidung. Es gab Zeiten im letzten Jahrhundert, da hatte das Kinderkriegen tatsächlich einen tieferen Sinn: Der II. Weltkrieg hatte seine demografischen Spuren hinterlassen, ohne Nachkommen drohte die Armut im Alter. Und die in sich geschlossenen Gesellschaften des Kontinents sicherten ihren Bestand vornehmlich aus den eigenen Reihen. Im 21. Jahrhundert sieht die Sache nun aber anders aus, weil der Fall des „Eisernen Vorhangs“, offene Grenzen und die Globalisierung neue Einwohner vor allem „von außen“ hereinschwemmen. Doch wo die staatliche Lenkung der Fortpflanzungsbemühungen ihre Legitimation verloren hat, wirkt der Vorstoß für mehr Elternurlaub geradezu absurd. Genauso, wie das Relikt des Ehegatten-Splittings oder das Kindergeld. Vor allem kann sich ein Staat dies alles heute nicht mehr leisten. Die Argumentation der Linken, Eltern müssten aufgrund ihrer Doppelbelastung aus Kind und Beruf zusätzliche Zeit für Erledigungen bekommen, hinkt. Trifft dies nicht auch auf Singles zu, die sich nach einem 12-Stunden-Arbeitstag nur noch notdürftig und hochpreisig an der Tankstelle mit Lebensmitteln versorgen können? Die Alimentierung politisch gewollter Lebensentwürfe hat ein unerträgliches Maß der Ungerechtigkeit erreicht. Dass sich dennoch immer mehr Mitbürger den Staat als Gouvernante wünschen, stellt den Deutschen ein armseliges Zeugnis aus.

Goldesel Ökostrom: Der Kampf der grünen Lobbyisten (2. September 2012)

Deutschlands Stromkunden müssen immer tiefer in die Tasche greifen, und langsam erkennt die gesamte Politik, dass es so nicht mehr weiter geht. Die gesamte Politik? Nein! Eine kleine, von unbeugsamen Ideologen bevölkerte Partei namens **„Bündnis 90/Die Grünen"** widersetzt sich jeder Vernunft und erhält dafür heute den „Klodeckel des Tages". Die Art und Weise, wie Vorschläge Andersdenkender diffamiert werden, erinnert an den Beißreflex von Sekten, die sich nicht nur sachlichen Argumenten verweigern, sondern sich jede Form der Hinterfragung verbitten. So verstieg sich einer der unseligen grünen Umweltminister zu der unwürdigen Bemerkung, es handele sich um den „dümmsten vorstellbaren" Vorschlag. Stein des Anstoßes war die Forderung des FDP-Bundestagsfraktionsvorsitzenden Brüderle nach einem Neubaustopp für Windräder und Solaranlagen. Bereits Bundeswirtschaftsminister Rösler hatte sich zuvor für eine schnelle Abkehr von der Förderung der „verteuerbaren" Energien ausgesprochen – und auch Bundesumweltminister Altmaier hält eine strikte Deckelung beim Anlagenausbau für sinnvoll. Es ist längst belegt, dass die hysterische Überförderung des sogenannten Ökostroms teuere Überkapazitäten schafft, die der Verbraucher bezahlt. Der brave Deutsche, der so gerne an seine Obrigkeiten glaubt, hat über Jahre nicht gemerkt, dass er mit seiner Gutgläubigkeit nicht der Umwelt, sondern nur den Komplizen der Öko-Mafia gedient hat. So ist eine ganze Branche entstanden, die keiner braucht. Und weil sie keiner braucht, rechnet sich ihr Geschäftsmodell ohne die milliardenschwere staatliche Stützung auch nicht. Angetrieben von einer mit perfider Panikmache alles unterjochenden Lobbyistentruppe, haben sich die Regierungsparteien zunächst zu einem unsinnigen und unrealistischen Ausstieg aus der Kernkraft drängen lassen, um nun vor den Scherben grüner Ideologie zu stehen. Die an Veruntreuung grenzende Verschwendung von Steuergeldern durch eine viel zu großzügig ausgelegte Einspeisevergütung hat in den zurückliegenden Jahren nicht nur den Strom in Deutschland massiv und unnötig verteuert, sondern zu Kapriolen wie dem Bau von Scheunen geführt, die nur zu dem Zweck errichtet wurden, ein Dach für Sonnenkollektoren zur Verfügung zu stellen. Es ist daher folgerichtig, wenn Brüderle jetzt fordert, die Betreiber von Solaranlagen und Windrädern mit einer Sonderabgabe zu belegen. Auf diese Weise würden erstmals die Profiteure der sogenannten Energiewende zur Kasse gebeten. Im Fall der Banken ist man sich parteiübergreifend einig, dass es ein Hohn ist, wenn Gewinne privatisiert und Kosten sozialisiert werden. Und was ist mit den Ökostrom-Absahnern? Doch so weit reicht grüne Logik nicht. Eine Partei, die ihre Daseinsberechtigung nur daraus schöpft, alles zu verteuern oder gleich ganz zu verbieten, müsste längst gestorben sein. Doch offenbar ist der Durchschnittsdeutsche Masochist.

Zaubern auf italienisch: Draghi verwandelt Euro in Lira (9. September 2012)

Den heutigen „Klodeckel" erhält EZB-Chef **Mario Draghi**. Zu gerne würde ich ihm auch noch die Kloschüssel hinterherwerfen, doch die könnte mir aufgrund akuter Übelkeit noch nützlich sein. Die Entscheidung der Europäischen Zentralbank, zukünftig zeitlich und betragsmäßig unbegrenzt Ramsch-Anleihen der maroden Südländer aufzukaufen, muss jedem sauer aufstoßen, der seine sieben Sinne noch beisammen hat. Rechtsbrüche sind im europäischen Politikdiktat inzwischen an der Tagesordnung, wenn man sich als Demokrat auch nur schwer daran gewöhnen kann. Dass aber nun auch noch sämtliche Parlamente mit einem Handstreich übergangen werden und ein nicht demokratisch legitimiertes Zentralbankgremium angeführt von einem Italiener einfach mal so die Schuldenunion einführt, schlägt dem Fass den Boden aus. Ihm assistiert EU-Kommissionspräsident José Manuel Barroso, ein Portugiese. Schon bei Draghis Amtsantritt an der EZB-Spitze hatte ich es als Treppenwitz der Geschichte bezeichnet, dass nun ausgerechnet ein Banker aus jenem Land für die Geldwertstabilität verantwortlich ist, das zu Lire-Zeiten mit dem Drucken immer größerer Geldscheine gar nicht mehr hinterherkam. So groß wie Topflappen waren die Banknoten zeitweise, bevor wieder einmal drei Nullen weggestrichen wurden. Eine „bella figura" machte Italiens Geldpolitik nie. Nun also ist die Euro-Mafia am Ziel ihrer Träume. „Moment!", werden einige empört einwerfen, die Länder müssten dafür ja auch unter den Rettungsschirm. Das mag wohl sein, aber spätestens mit der EZB-Entscheidung hat dieser Schritt seinen Schrecken verloren. Niemand muss künftig mehr befürchten, an tatsächlichen Sparauflagen gemessen zu werden, zumal der ESM-Gouverneursrat allein entscheidet, ob und wann die Sünder die Härte der Geberländer trifft. Und das Stimmgewicht im Rat lässt Schlimmes erahnen, wenn erst einmal die Franzosen (wie es sich seit

Hollandes Amtsantritt längst abzeichnet) nicht mehr an der Seite Deutschlands stehen. Der Süden Europas, der noch nie mit Geld umgehen konnte, darf sich also auch in Zukunft gerne das eine oder andere Cerveza auf Kosten des deutschen Steuerzahlers mehr gönnen, einen leckeren Ouzo aufs Haus genießen oder nachmittags gemütlich beim Espresso im sizilianischen Schatten sitzen. Fast ist es da egal, wie das Bundesverfassungsgericht in der kommenden Woche zum Thema ESM entscheiden wird. Alles Makulatur, nachdem die Europäische Zentralbank die Geldschleusen aufgemacht hat und in die direkte Staatsfinanzierung eingestiegen ist. Wir werden bezahlen. Mit hohen Inflationsraten und steigenden Zinsen auf unsere Staatsschulden – ganz zu schweigen von dem verliehenen Geld, das uns andere Staaten nicht mehr zurückzahlen. (Mehrwert-)Steuererhöhungen und die Kürzung staatlicher Leistungen verstehen sich da von selbst. Bienvenuti nella nuova Europa!

Untergang der Malediven: Die Vertreibung aus dem Paradies (16. September 2012)

Der „Klodeckel des Tages" geht diesmal an das **Ministerium für islamische Angelegenheiten** auf den Malediven, das in dieser Woche ein Tanzverbot verhängt hat. Der aufgeklärte Mitteleuropäer mag ungläubig staunen, doch das Islamministerium gibt es tatsächlich. Nahezu unbemerkt verändert sich die immer noch als Urlaubsparadies geltende Inselgruppe im Indischen Ozean mit rasantem Tempo. Recht wenig erfährt man hierzulande über die besorgniserregenden politischen Entwicklungen der letzten Jahre. Inzwischen belegen die Malediven stabil einen der vorderen Plätze auf dem jährlich erstellten christlichen Weltverfolgungsindex der Organisation „Open Doors". Immer stärker weicht die traditionell eher moderate sunnitische Version des Islam, der seit Mitte des 12. Jahrhunderts auf den Malediven zuhause ist, einem Fundamentalismus, in dem religiöse Hardliner zusehends an Einfluss gewinnen. Unter diesem Druck öffnete der seit Februar amtierende Präsident Mohammed Waheed Hassan seine Regierung für die streng religiös-konservative Adhaalath-Partei (AP), die sich unter anderem für die Einführung der Scharia stark macht. Er gab damit den Fundamentalisten weiteren Auftrieb, die schon Ende vergangenen Jahres die vorübergehende Schließung von Wellness-Bereichen in den Touristenhotels erzwungen hatten, weil dort angeblich Bordelle eingerichtet seien. Ebenso fordern die Hardliner ein Verbot für den Konsum von Schweinefleisch und Alkohol. Nach Auffassung der AP gibt es eine lange Liste schädlicher Einflüsse, die zu unislamischem Verhalten beitragen. Beim Zigaretten- und Internetkonsum könnte man den geistlichen Führern noch folgen, warum aber Musik und Lieder der maledivischen Jugend schaden sollen, erschließt sich nicht so leicht. Auf Druck der religiösen Hardliner sollen nun öffentliche Tanzveranstaltungen verboten werden, die als unanständig gelten. Das zuständige Ministerium erließ eine Richtlinie, die neben „unanständigem Tanzen“ verbietet, dass minderjährige Mädchen an Veranstaltungen teilnehmen, bei denen sie Gefahr laufen, zum Tanzen aufgefordert zu werden. Tröstlich ist immerhin, dass Kinderfeste auch weiterhin erlaubt sein sollen und sich das Verbot von Musik und Liedern für Jugendliche nicht auf die Nationalhymne erstreckt. Ganz und gar im Reinen mit der Welt ist der neutrale Beobachter wieder, wenn er hört, dass außerdem Militärparaden weder unter das Verbot „unanständiger“ Bewegungen, noch „schädlicher“ Musik fallen. Na, da kann man doch getrost weiterhin fröhlich Urlaub im Inselparadies machen. Dachte man an die Malediven, so ging Anfang des Jahrtausends die Angst um, dass sie einmal im Meer versinken könnten. So furchtbar erscheint das aus heutiger Sicht wohl nicht mehr…

Durchgefallen im Praxistext: Piraten und der Faktor Mensch (23. September 2012)

Julia Schramm ist eine von vielen, die auf der Welle des anfänglichen Erfolgs einer links-anarchistischen Gruppierung in die bezahlte Politik surfen wollen. Dieses Ziel rückt jüngsten Meinungsumfragen zufolge nicht nur für die Hobby-Autorin in immer weitere Ferne. Mit ihren arg widersprüchlichen Ansichten zum Urheberrecht verdient sie sich nun immerhin den „Klodeckel des Tages". Noch im April 2012 bewarb sich Schramm für den Bundesvorsitz der Piratenpartei, scheiterte jedoch klar, weil sie schon beim dortigen Parteitag keiner mehr Ernst nahm. Grund war ein ekliges und obszönes Buch, in dem Schramm ziemlich bildhaft ihre Erfahrungen beim Cyber-Sex beschreibt und auch ansonsten kein Blatt vor den Mund nimmt. Wenig geschmackvoll lässt sie die Leser unter anderem wissen, dass es doch gar nicht so schockierend sei, wenn Frauen „an inneren Blutungen sterben, weil sie Sex mit einem Pferd haben". Und auch über ihr eigenes Triebleben steht sie robust Rede und Antwort, stellt sich dabei aber immerhin die Grundsatzfrage: „Muss ich alle Löcher zur Verfügung stellen?". Nur um Missverständnisse zu vermeiden: Die Piratenmitglieder lehnten Schramm nicht etwa wegen der Buchinhalte ab, sondern weil diese mit ihrem „Erguss" richtig Geld verdienen und kostenlose Internetveröffentlichungen keineswegs akzeptieren wollte. Das Gesamtkunstwerk war für kurze Zeit komplett als Gratis-Download im Internet verfügbar, doch Schramm und ihr Verlag griffen ein und ließen dies untersagen. Wer würde denn schon für das „Lesevergnügen" bezahlen, wenn er zum Cybersex gleich die passende Untermalung kostenfrei und online erhalten könnte? Zumal sich die Beschäftigung mit dem Buch für die Zielgruppe zur Erfüllung des spontanen Zwecks ohnehin jeweils auf nur wenige Seiten beschränken dürfte. So ist die verhinderte Ober-Piratin nun in der unsanften Realität gelandet, die sich ihre naiv-anarchistisch veranlagten Parteikollegen wohl nie erschließen werden. Und es dämmert auch immer mehr ehemaligen Unterstützern, dass die Piraten stets nur so lange die Abschaffung von Privilegien oder Einschränkungen fordern, wie sie selbst vom Ergebnis nicht betroffen sind. So funktioniert linke Politik. Julia Schramm ist dafür das beste Beispiel. Setzte sie sich noch vor einiger Zeit als sogenante Urheberrechts-Expertin vehement für die totale Freigabe aller geistigen Erzeugnisse ein, möchte sie davon zumindest in ihrem Fall nun nichts mehr wissen. Ihre Reaktion lässt wenig menschliche und schon gar keine politische Reife erkennen: „Das ist eine Provokation, es geht nur darum, mich vorzuführen, jetzt krakeelt eben wieder der Mob". Schramm sollte sich jedoch nicht allzu lange ärgern, sondern sich mit dem Wissen trösten, dass sie sich schon bald wieder als Teil des „krakeelenden Mobs" fühlen darf. Dann kann auch sie wieder auf andere zeigen und Forderungen stellen, die sie hoffentlich in Zukunft dann nicht wieder selbst betreffen.

Von einem, der nicht aufhören konnte: Schumis bitteres Aus (30. September 2012)

Der „Klodeckel" geht diesmal an **Michael Schumacher**. Mit der seit einigen Wochen vermuteten und nun offiziellen Ausmusterung aus dem Formel-1-Team von Mercedes schließt sich der Kreis der Selbstdemontage des einstigen Denkmals. Nur wenige hatten Schumacher bei dessen Rückkehr aus dem Ruhestand vor drei Jahren zugetraut, noch einmal in die Nähe früherer Leistungsstärke zu kommen. Viele hatten gewarnt, es könne ihm so ergehen, wie unzähligen anderen im Leistungssport, die einfach nicht wahrhaben wollten, dass ihre Zeit vorbei ist. Wie sein prominenter Vorgänger Lothar Matthäus war der ehrgeizige Schumacher davon überzeugt, selbst als Vierzigjähriger den Jungen noch etwas vormachen zu können. Doch es zeigte sich früh, dass daraus wohl nichts mehr würde. Hakte man die erste Comeback-Saison noch als Eingewöhnungsphase im sich schnell weiterentwickelnden Automobilsport ab, so wurde spätestens im vergangenen Jahr deutlich, dass ihm nicht nur sein jüngerer Teamkollege längst den Rang abgelaufen hatte. Schumacher landete oftmals unter ferner liefen und fiel eigentlich nur durch Rüpeleien auf der Rennstrecke auf, die ihn schon zu seinen besten Zeiten nicht gerade zum beliebtesten Fahrer gemacht hatten. Einen Aufwärtstrend wollte so mancher dennoch erkannt haben und träumte für 2012 gar von neuerlichen Siegen des siebenmaligen Weltmeisters. Doch es kam ganz anders: Gerade einmal ein dritter Platz steht als Saisonbestleistung zu Buche – und dies in einem Rennen, in dem eine Reihe vor ihm liegender Autos kurz vor dem Ziel noch ausfielen. Nach zwei Dritteln der Saison zieht Mercedes jetzt die Reißleine und setzt seinem vermeintlichen Star zum Jahresende den Stuhl vor die Tür. Gerade mal in der Hälfte aller Saisonrennen war Schumacher überhaupt ins Ziel gekommen. Mal fiel er durch technische Probleme aus, oft aber auch durch ungestüme Fahrmanöver wie zuletzt in Singapur, als nach seinem

Auffahrunfall bereits gespottet wurde, der alte Mann sei wohl kurz am Steuer eingenickt. Dies war die Höchststrafe für das frühere Idol und veranlasste Mercedes offenbar nun, Fakten zu schaffen. Mehr Demütigung geht kaum für einen Mann, der bis vor Kurzem noch glaubte, im Poker um eine weitere Zusammenarbeit mit Mercedes am längeren Hebel zu sitzen. Schumacher selbst wollte sagen, wann Schluss ist. Die Nichtverlängerung seines Vertrages kommt nun einem Rauswurf gleich, den ein Michael Schumacher nur schwer verdauen dürfte, so sehr er sich im Moment einer seiner schwersten Niederlagen um Größe bemühte. So ist es also vorstellbar, dass er noch einmal bei einem anderen Team anheuert, damit er den Zeitpunkt für sein endgültiges Karriere-Ende selbst wählen kann. Zu wünschen wäre ihm stattdessen die Einsicht, dass er seine ganz persönliche Formel-1-Zielflagge nunmehr gesehen hat.

„Geld her!": Der Autofahrer als Daueropfer grüner Ideologie (7. Oktober 2012)

Stellvertretend für seine Kollegen erhält heute der baden-württembergische Verkehrsminister **Winfried Hermann** von den Grünen den „Klodeckel des Tages". Auf der turnusmäßigen Herbstkonferenz sprach er sich als einer der größten Befürworter wie die Mehrheit der Landesverkehrsminister dafür aus, die Einführung einer „City-Maut" zu prüfen. Es soll nach seinem Willen also künftig jeder Autofahrer Eintritt bezahlen, wenn er in die Stadt fährt – ähnlich wie dies ohnehin bereits für eine Reihe von Großstädten gilt, die gegen jede Vernunft zur Umweltzone erklärt wurden. Bezeichnenderweise waren es in erster Linie die Minister der von Sozialisten und grünen Ideologen geführten Länder, die sich für eine weitere Schröpfung der Autofahrer stark machten. Das Ziel ist klar: Es muss reichlich Geld in den Staatssäckel, um umverteilen und möglichst viele Stimmen der eigenen Klientel „kaufen" zu können. Den gierigen Politikern, die nach stets neuen Wegen suchen, die ständig steigenden Staatseinnahmen zu erhöhen, fällt wieder einmal nichts besseres ein, als die „Melkkuh der Nation" zur Ader zu lassen. So sehr die allermeisten Bürger auf das Auto angewiesen sein mögen, ist dabei der Faktor Neid eine große Hilfe, um Mehrheiten zu organisieren. Den Ministern reicht es offenbar nicht, dass über die Kfz-Steuer, die Umwelt-Plakette, die Mineralölsteuer und die Mehrwertsteuer auf die Mineralölsteuer die Autofahrer bereits zur Gruppe der größten Zahler in die Steuerkassen gehören. Nur wenige standhafte Volksvertreter stellten sich gegen ihre Abzockerkollegen. So verwies der hessische Verkehrminister Florian Rentsch (FDP) richtigerweise darauf, dass irgendwann mal Schluss sein müsse mit dem fortwährenden Abkassieren der Autofahrer. Er wird, das steht zu befürchten, der Armee von Ideologen am Ende jedoch nichts entgegensetzen können. Angeführt von den grünen Unterdrückern, die nur eine winzig kleine Minderheit der deutschen Bevölkerung repräsentieren und dennoch wegen zu geringer Wahlbeteiligungen alle maßgeblichen Lebensbereiche reglementieren dürfen, wird die Finanznot der Kommunen am Ende für eine breite Unterstützung des Wegezolls am Ortseingang sorgen. Dabei löst selbst für den obersten Hüter der kommunalen Finanznot, Gerd Landsberg, Hauptgeschäftsführer des Deutschen Städte- und Gemeindebundes, bei aller Freude über den potentiellen Geldsegen eine „City-Maut" die Verkehrsprobleme der Ballungsräume keineswegs. Aber darum geht es den Befürwortern trotz aller gegenteiliger Beteuerungen offenbar auch nicht. In seiner Euphorie über einen vermeintlichen Etappensieg der Ideologie verriet Hermann mehr als er vielleicht wollte: „Es wird nicht einfach so billig weitergehen wie bisher". Was nicht gefällt, muss also so unattraktiv gemacht werden, dass es verschwindet. Gut, dass die Grünen bisher nicht auch noch gegen Einarmige, Zweimetergroße, Rothaarige oder Brillenträger sind. Solche Zeiten hatten wir ja schon einmal…

Norwegen und die EU: Ihr seid super, bleibt uns bloß vom Hals! (14. Oktober 2012)

Der „Klodeckel" geht an das **Nobelkomitee in Oslo** für die Vergabe des Friedensnobelpreises 2012 an die Europäische Union. In ihrer Begründung verweisen die Norweger auf die deutsch-französische Aussöhnung nach dem Zweiten Weltkrieg, die Demokratisierung Südeuropas und die Integration osteuropäischer Staaten nach dem Mauerfall. Schon daraus wird ersichtlich, dass es sich hierbei um Verdienste handelt, die einerseits weit zurück liegen und andererseits nicht von der EU heutiger Prägung, sondern deren Vorläufer erworben wurden. Dies waren die Montanunion, die Europäische Wirtschaftsgemeinschaft sowie „Euratom" (auf Basis der Römischen Verträge von 1957). Sie brachten die Wirtschaftsbeziehungen der europäischen Staaten nach dem II. Weltkrieg wieder in Gang und legten damit die Grundlage für Frieden in Europa. Die Europäische Union gibt es hingegen genau genommen erst seit 1993 als Ergebnis der Maastrichter Verträge. Mit ihrer Gründung wurde nach vier Jahrzehnten die Zuständigkeit europäischer Institutionen auf nicht-wirtschaftliche Politikbereiche ausgedehnt. Vieles von dem, was wir heute als problematisch in Europa empfinden, geht auf eben diese Maastrichter Verträge zurück – insbesondere der Euro und die politischen Irrwege seiner angeblichen Rettung. Eine Auszeichnung mit dem Friedensnobelpreis hätte also allenfalls vor knapp zwei Jahrzehnten ihre Berechtigung gehabt, als Mitte der 1990er Jahre durch das sogenannte Schengen-Abkommen die weitgehende Reisefreiheit für die Bürger Europas verwirklicht wurde. Heute wirkt der Preis für die von der EU heimgesuchten Menschen des Kontinents wie eine Farce. Gerade erleben wir, wie – ganz wesentlich verursacht durch die EU und deren größtenteils nicht durch Wahlen legitimierte Gremien – Europa auseinanderdriftet und eigentlich überwundene Ressentiments neu aufflammen. Wenn es also aktuell eines gibt, was man Europas Institutionen ganz sicher nicht bescheinigen kann, dann ist es eine friedensstiftende Wirkung. Das größte Konfliktpotential bietet dabei der Euro, der ohne Not und wider jede politische oder wirtschaftliche Vernunft eingeführt wurde und seine zunehmende Sprengkraft entfaltet. Er ist ein neuerliches Beispiel dafür, wie Großmannssucht, Erpressbarkeit und Naivität – oder anders gesagt: Politische Macht in den falschen Händen – immer wieder Nationen, Kontinente oder gar die Welt an den Rand des Abgrunds führen. Belege hierfür finden sich gerade in der jüngsten Geschichte genug. Es ist zu befürchten, dass unsere Generation noch erleben wird, wie innerhalb Europas sich Nationen wieder feindlich gegenüberstehen. Eine interessante Randnotiz soll nicht unerwähnt bleiben: Die Norweger, die gerade mit soviel Leidenschaft die EU zur Mutter Theresa internationaler Institutionen erklärt haben, wollten ihr nie beitreten und planen dies auch für die Zukunft nicht. Warum wohl?

Chaos-Spiel der Nationalmannschaft: Neuer im Tor gesucht (21. Oktober 2012)

Heute geht der „Klodeckel" an **Manuel Neuer**, den aktuellen Stammtorhüter der deutschen Fußball-Nationalmannschaft. Schon lange habe ich ungläubig verfolgt, wie sehr der recht gute, aber keinesfalls Weltklasseniveau repräsentierende Bayern-Torhüter von den Medien hochgejubelt wurde. Gerade in der zurückliegenden Saison musste er so manches Gegentor auf seine Kappe nehmen und hat nie das Versprechen eingelöst, in die Fußstapfen eines Oliver Kahn zu treten. Natürlich ist niemand frei von Fehlern, doch die Häufigkeit, mit der Neuer seine ordentlichen Reflexe auf der Linie mit abenteuerlichen Einlagen kompensiert, bei denen er hohe Bälle nach Flanken und Standardsituation überhaupt erst gefährlich macht, kann auch der Fachwelt eigentlich kaum verborgen geblieben sein. Und der stets als hervorragender Fußballer Gepriesene zeigt immer wieder Schwächen, wenn er die von seinen Mitspielern zurückgespielten Bälle dem Gegner geradewegs in die Füße schlägt. Regelmäßig werden die gegnerischen Stürmer so zum Toreschießen eingeladen. Nun endlich haben es zumindest die Fußballfans in Deutschland gemerkt: Ein Neuer wird gebraucht! An einer Umfrage der Bild-Zeitung haben sich mehr als 150.000 Leser beteiligt, und auch wenn das Ergebnis möglicherweise nicht repräsentativ ist, so spricht es doch Bände: Gerade noch 42% halten Neuer für die berechtigte „Nummer 1". René Adler, Neuers Vorgänger im DFB-Kasten, kommt übrigens auf den gleichen Wert – und das, obwohl er erst seit dieser Saison nach langwieriger Verletzung und fast einem Jahr ohne Spielpraxis wieder das Tor einer Bundesligaelf hütet. Ohne diese Verletzung hätte Neuer den damals überragend haltenden Adler wohl niemals im Tor der Nationalmannschaft abgelöst. Was sich derweil am vergangenen Dienstag beim WM-Qualifikationsspiel in Berlin abspielte, spottet jeder Beschreibung. Mit sage und schreibe 4:0 lag die DFB-Elf nach einer Stunde vorn, ehe die Schweden Tor um Tor aufholten und mit dem Schlusspfiff das noch nie dagewesene Kunststück vollbrachten, den deutschen Kickern einen Vier-Tore-Vorsprung noch abzujagen. Zu einer Fußballmannschaft gehören mindestens die elf Spieler auf dem Platz. Und wenn etwas so Unglaubliches passiert, sind die Gründe vielfältig. Auslöser war allerdings Manuel Neuer, der nie sicher wirkte und beim zweiten Tor der Schweden tölpelhaft agierte. Diese Szene war die Initialzündung für eine sagenhafte Aufholjagd der Schweden und eine mehr und mehr verunsicherte deutsche Mannschaft, die Angst vor jedem Ball haben musste, der Richtung eigenes Tor flog. Hoffentlich werden auch der Bundestrainer und sein Stab die Dinge mit einigem Abstand nüchtern betrachten und zu dem Schluss kommen, dass Deutschland mit Adler einen Torhüter hat, der dauerhaft und zuverlässig in der Lage ist, auf höchstem Niveau zu spielen.

Strepp an der Strippe – da wurde es dem ZDF zu bunt (28. Oktober 2012)

Die Pressefreiheit ist ein hohes Gut. In Deutschland hat sie sich aber so weit verfestigt, dass die Medien längst als 4. Gewalt im Staat mitregieren. Das löst Unbehagen aus, vor allem bei denen, die in den Parteien für politische Propaganda zuständig sind wie **Hans Michael Strepp**, inzwischen abgetretener CSU-Sprecher, der das ZDF auf Kurs bringen wollte und dafür den „Klodeckel" erhält. Es darf allerdings bezweifelt werden, dass er gänzlich auf eigene Faust handelte. Vorstellen kann man es sich kaum. Allen Beteiligten auf Seiten der CSU muss man jedenfalls ein Höchstmaß an Selbstüberschätzung, vielleicht gar Dummheit, attestieren. Die „Causa Wulff" sollte noch in viel zu frischer Erinnerung sein, um anzunehmen, dass der Versuch, Druck auf die Medien auszuüben, ohne Folgen bleiben würde. Strepps Vorstoß, den Bericht vom Parteitag der bayerischen Sozis im längst begonnenen Landtagswahlkampf zu unterbinden, ist zwar nachvollziehbar, weil damit der SPD und deren chancenreichem Bewerber um das Amt des künftigen bayerischen Ministerpräsidenten zur besten öffentlich-rechtlichen Sendezeit eine hochexklusive Plattform feilgeboten wurde. Doch statt sich der aberwitzigen Vorstellung hinzugeben, dies verhindern zu können, hätte man sich besser anschließend mit den Fakten auf seiner Seite über die einseitige Parteinahme mokiert und vermutlich sogar ein bisschen Verständnis geerntet. Denn zur Wahrheit gehört auch, dass gerade das ZDF in den vergangenen Jahren spürbar nach links gerückt ist. Es stellt sich schon die Frage, ob der Mainzer Sender im umgekehrten Fall ebenso offensiv und betroffen reagiert hätte. So aber steht die CSU als Verlierer da, eine kleine Partei, deren Daseinsberechtigung sich auf eines von 16 Bundesländern beschränkt und die ohne das Mutterschiff CDU sicher keine bundesweite Relevanz hätte. Es offenbart sich, wie nervös Horst Seehofer und seine Altvorderen sind, werden sie bei der kommenden Landtagswahl doch nicht nur viele Stimmen an die Euro-kritischen Freien Wähler verlieren. Wochenlang versuchten deshalb führende CSU-Politiker, der Wählergemeinschaft das Thema „Euro-Schuldenkrise" abzujagen, mussten ihre Bemühungen jedoch auf Geheiß der Kanzlerin zähneknirschend einstellen. Und auch die heftigen Beißreflexe gegenüber dem Koalitionspartner FDP nahmen zuletzt immer groteskere Formen an, vor allem im Bund. Dass nun erstmals ein SPD-Kandidat zur Verfügung steht, dem im nächsten Jahr der Wahlsieg in Bayern zuzutrauen ist, macht das Dilemma perfekt. Die CSU hat mit ihrer „Mainzelgate"-Affäre die Politikverdrossenheit vergrößert, die ja in Wahrheit eine zunehmende Ablehnung des Parteienstaates ist. Interessant wird sein zu erleben, welche schmutzigen Details des Strepp-Debakels noch ans Licht kommen. Muss am Ende vielleicht nicht nur die Marionette, sondern gar einer ihrer Strippenzieher geopfert werden? Schaun mer mal…

„Zurück, marsch, marsch!": Überstunden auf norwegisch (4. November 2012)

Heute geht der „Klodeckel" an die skandinavische Fluggesellschaft **SAS**. Diese brachte das geradezu dreist anmutende Kunststück fertig, einen Linienflug in Norwegen wenige Minuten vor der Landung abzubrechen und die mit 40 Passagieren besetzte Maschine stattdessen zum Ausgangsflughafen zurückfliegen zu lassen. Dabei dauerte die Rückreise zum 350 km entfernten Trondheim wesentlich länger als der verbleibende Flug zum ursprünglichen Ziel. Um diesen Quatsch zu verstehen, muss man wissen, dass Norwegens Arbeitsrecht äußerst arbeitnehmerfreundlich ist. Das mit üppigen Rohstoffvorkommen gesegnete Land kann sich eine ganz besonders großzügige Sozial- und Arbeitszeitgesetzgebung leisten. Dazu gehört das weitgehende Verbot von Überstunden. Da die Fluglinie ihr Personal zu kurz vor Dienstschluss auf die Reise schickte, blieb ihr nichts anderes übrig als umzudrehen. Im Fall der Landung im beschaulichen Mosjöen hätte es die Crew nicht mehr geschafft, den turnusmäßigen Rückflug nach Trondheim in der regulären Arbeitszeit zu bewältigen. Die SAS stand damit vor der Wahl, die Kosten für die Strandung von Fluggerät und Personal zu akzeptieren, oder sich mit den mächtigen Gewerkschaften anzulegen. Da war es preiswerter, die geschädigten Passagiere mit einem Gutschein abzufinden. Der selbst in der Servicewüste Deutschland unglaublich erscheinende Vorfall zeigt, wohin die totale Sozialdemokratisierung einer Gesellschaft führt. Wohl dem, der es sich leisten kann. Geschädigte gibt es dabei aber immer. Hier müssen also die Kunden eines Dienstleistungsanbieters dafür büßen, dass jene, die von ihnen bezahlt werden, kein halbes Stündchen dranhängen dürfen – verkehrte Welt! Gott sei Dank sind wir in Deutschland noch ein Stück davon entfernt, dass Unternehmen auf diese Weise von ihren Mitarbeitern erpresst werden können. Leider schwingt das Pendel aber auch bei uns immer weiter nach links. Mit der kontinuierlich abnehmenden Leistungsbereitschaft weiter Teile unserer Gesellschaft und der galoppierenden Sozialdemokratisierung selbst der ehemals konservativen politischen Kräfte ist es schon heute so, dass es nur noch Benachteiligte zu geben scheint, die völlig unschuldig am eigenen Schicksal sind. Ob alleinerziehende Mutter, Geringverdiener oder Leiharbeiter – stets ist nicht der Betroffene in der Pflicht, der sich sein Leben so eingerichtet hat, sondern Staat und Unternehmen, die bitteschön dem schlecht ausgebildeten Schulabbrecher, der verantwortungslos ein Kind gezeugt hat, die Konsequenzen ebenso abnehmen sollen, wie der aus der Affäre zurückbleibenden viel zu jungen Mutter, die nun allein zurechtkommen muss. So demokratisiert sich eine Gesellschaft zu Tode, die das Scheitern nicht akzeptieren kann und glaubt, jeden Einzelnen sanft auffangen zu müssen. Eigenverantwortung und Pflichtgefühl waren einmal die Grundpfeiler unserer Demokratie...

Keine Wahl: Ein Pariser erregt die kalifornischen Gemüter (11. November 2012)

Der „Klodeckel des Tages" geht diesmal an die **Bürger von Los Angeles**, die mehrheitlich für ein Gesetz zur Einführung einer Kondompflicht bei Pornodrehs gestimmt haben. Künftig dürfte damit die bisher so gut geschmierte Pornomaschinerie, die ihr Zentrum im kalifornischen San Fernando Valley hat, weniger umsetzen als die derzeit nahezu 1 Milliarde US-Dollar pro Jahr. Produzenten und Darsteller haben schwer zu schlucken am Erfolg einer Initiative von AIDS-Aktivisten, die zum Schutz vor ansteckenden Geschlechtskrankheiten das Gesetz auf den Weg gebracht hatten. Und auch die Konsumenten wird der Lümmeltüten-Anblick kaum erregen. Zwar ist es richtig, schlechte Vorbilder vom Bildschirm zu verbannen, doch dürfte der Zuschauerkreis der Sexfilmchen wohl kaum mit dem des Sonntagskrimis zu vergleichen sein. Wo etwa der rauchende Kommissar längst der Political Correctness zum Opfer gefallen ist, dürfte zur Schau gestellter Sex ohne Gummi zwar die Phantasie anregen, doch kaum dazu führen, dass die Geschlechter daraufhin in Rudeln ohne Kondome übereinander herfallen. Zu tief ist gottlob nach 30 Jahren AIDS-Aufklärung das Bewusstsein über die Gefahren ungeschützten Geschlechtsverkehrs verankert. Die Aktivisten betonen jedoch vor allem das Risiko, die Mitwirkenden der Animierfilme könnten sexuell übertragbare Krankheiten auch im richtigen Leben verbreiten. Mit der gleichen Begründung müsste man folgerichtig dann aber alle Bürger mit einer Kondompflicht belegen. Dass Pornodarsteller eine besondere Gefahr für die Allgemeinheit sein sollen, nur weil sie sich beruflich bedingt im sexuellen Dauerfeuer befinden, taugt als Begründung nicht, hält man sich die strengen Gesundheitsbestimmungen der Branche vor Augen. Alle vier Wochen wird beispielsweise ein HIV-Test angeordnet, und auch auf weniger dramatische Infektionen wird regelmäßig getestet. Zwar ist der Hinweis auf diagnostische

Lücken berechtigt, doch kommt Otto-Normalverbraucher im gesamten Leben nicht auf halb so viele Blutkontrollen wie eine durchschnittliche Porno-Aktrice in einem Jahr. Es gibt also wohl kaum eine Gruppe innerhalb der Bevölkerung, die bewusster mit der Frage sexuell übertragbarer Krankheiten umgeht – schon aus beruflichem Eigeninteresse. So muss nun der klamme Staat Kalifornien zusehen, wie eine milliardenschwere Industrie abwandert. Im Nachbarstaat Nevada, für amerikanische Verhältnisse gerade einen Steinwurf entfernt, erhalten die Darsteller noch ungehinderten gegenseitigen Zugang zu ihren Geschlechtsorganen. Und sollte auch dort bald die Moralpolizei einmarschieren, zieht die Karawane eben weiter. Die übereifrigen Aktivisten hätten ihren Ehrgeiz eher mal auf eine Kondompflicht für jene Bevölkerungsgruppen verwenden sollen, die unentwegt verantwortungslos Kinder in die Welt setzen, ohne jemals für sie sorgen zu können. Das wäre tatsächlich mal ein Dienst an der Gesellschaft.

Ist die Mutter der Dummen wirklich immer schwanger? (18. November 2012)

In dieser Woche fiel die Wahl des größten Ärgernisses besonders schwer, gab es doch gleich reihenweise preisverdächtige Fehlleistungen. Da war zum einen die SPD, die ihr Kampfblatt „Frankfurter Rundschau" voll an die Wand fuhr und einmal mehr unter Beweis stellte, dass Sozis keinerlei Ahnung von Unternehmensführung haben. Es gab jene denkwürdige Nacht- und Nebelaktion einiger weniger Parlamentarier im Bundestag, die Ende vergangener Woche zu vorgerückter Stunde, offenbar souffliert von der Versicherungs-Mafia, ein Gesetz beschlossen, das den Kunden schon zugesagte Erträge wieder wegnimmt und die Lebensversicherer auf einen Schlag um 1 Mrd. Euro reicher macht. Und dann war da noch der „Stern", der für den größten journalistischen Rohrkrepierer des Jahres sorgte, als er der FDP einen vermeintlichen Finanzierungsskandal anhängen wollte, dabei jedoch lediglich völlige Unkenntnis einfachster Bilanzierungsvorschriften offenbarte. Der „Stern" mimte anschließend den schlechten Verlierer, während die FDP die Lacher auf ihrer Seite hatte. Noch viele andere könnte ich hier nennen – entschieden habe ich mich letztlich aber für den Energieversorger **Almado AG** aus Köln. Der besaß die Dreistigkeit, seine Kunden mit dem Hurra-Ruf „Strompreiserhöhungen 2013 – Ihr Abschlag bleibt gleich" darüber zu informieren, dass er bei ihnen kräftig zulangt. Nicht, dass so etwas heutzutage noch für großes Entsetzen sorgen könnte, doch der Inhalt des Briefes wirft schon die Frage auf, ob sich hier ein Praktikant an seinem letzten Arbeitstag mal so richtig ausgetobt hat, oder das Werk während der jüngsten Betriebsfeier entstanden ist. Wahrscheinlich aber spekulierte Almado einfach darauf, dass die Kundschaft zu blöd sein würde, um die Abzocke zu durchschauen oder zu bequem, um sofort die Notbremse zu ziehen. Allen Ernstes rechtfertigen die Schlaumeier aus Köln die knackige Preiserhöhung – in meinem Fall satte

7 Cent je Kilowattstunde – damit, dass der Staat die Öko-umlagen zum Jahreswechsel anheben werde. Dass die aktuelle EEG-Umlage aber schon im bisherigen Preis enthalten war und die gesetzliche Anhebung „nur" 2 Cent brutto beträgt, verschweigt Almado. Stattdessen wird auf ein 14-tägiges Sonderkündigungsrecht hingewiesen, großzügig garniert mit der irreführenden Behauptung: „Durch die Erhöhung von Steuern und Umlagen entsteht für Sie in den meisten Strombelieferungsverträgen anderer Anbieter rein formell kein Sonderkündigungsrecht. Bei uns schon!" Diese infame Falschaussage soll verschleiern, dass Almado selbst üppige 5 Cent pro Kilowattstunde draufhaut – und genau deshalb müssen die Raffkes von Gesetztes wegen mir und all ihren Kunden ein Sonderkündigungsrecht einräumen. Ich habe meines genutzt und werde bald von einem anderen Stromanbieter versorgt, der solche Tricksereien nicht nötig hat. Die Verbraucherzentralen werden sich unterdessen der „Akte Almado" annehmen.

Linke Logik im Jobcenter: Bonus für regelkonformes Verhalten (25. November 2012)

Manchmal stößt man auf Meldungen, die regen einen derart auf, dass man gar nicht mehr weiß, wohin mit der eigenen Wut. Damit der Text jugendfrei bleibt, habe ich mir daher viel Zeit für die Formulierung des heutigen „Klodeckels" genommen, den das **Jobcenter Dortmund** bekommt. Dieses informiert seine „Kunden", die früher mal ganz unprätentiös Arbeitslose hießen, auf Handzetteln über sein „Membership-Plus-Programm", wie man dies bei kommerziellen Anbietern wohl bezeichnen würde. Bonuszahlungen von bis zu € 280 werden ausgelobt für alle, die tatsächlich arbeiten wollen – kann man es glauben!? Und damit nicht genug: Wer behauptet, er könne leider nicht arbeiten gehen, weil sein Auto kaputt sei, hat Anspruch auf einen Reparaturkostenzuschuss von bis zu € 2.000 – dabei zahlen die „Stützeempfänger" doch sowieso nichts für Bus und Bahn! Es ist einfach nicht zu fassen, was sich in diesem Land zunehmend abspielt, nicht nur geduldet, sondern sogar beklatscht von weiten Teilen unserer Gesellschaft, Politik und Medien. Immerhin findet die Bundesagentur für Arbeit das Gebaren der Dortmunder Kollegen höchst fragwürdig und sieht die Aktion „an der äußersten Grenze, was das Gesetz hergibt". Dabei ist die Gesetzeslage ganz eindeutig: Wenn ein Hartzer die Annahme einer Arbeit verweigert, werden Leistungen gekürzt. Fertig! Es gibt also gar keine Grundlage, hier Prämien für Wohlverhalten auszuloben. Dann hätte ich gerne auch Geld dafür, dass ich mich an Gesetze halte und niemandem zur Last falle. Dass die linken Genossen – zumal in den Hartz-IV-Hochburgen – gerne zur Schöpfkelle greifen, wenn es wieder einmal darum geht, Gelder des Steuerzahlers möglichst großzügig an ihre mittellose Klientel zu bringen, ist ja bekannt. Dass aber in einer selbst von der Bundesagentur als möglicherweise rechtswidrig empfundenen Weise hier Prämien ausgelobt werden, ist vielleicht sogar ein Fall für die Staatsanwaltschaft. Da ist es bis zur Untreue nicht mehr weit. Man fragt sich, wer solche Entscheidungen trifft und wie diese Personen ins Amt gekommen sind – vor allem aber, warum sie dort bleiben. Wenn dieses Modell Schule macht, werden an den Hartz-Kassen sicher bald Prämien dafür bezahlt, dass Leistungsempfänger gegenüber den Mitarbeitern nicht handgreiflich werden oder auch dafür, dass sie sich keinen Hund halten, der das Amt extra kostet. Schon fast untergegangen ist da die linkssozialistische Forderung nach einem höheren Hartz-IV-Satz. Völlig zu Recht stellte dieser Tage BA-Vorstandsmitglied Alt die grundsätzliche Frage, ob „wir wirklich ein Volk von Transferbeziehern werden" wollen. Wenn es nach den Parteien im linken Spektrum der Politik geht, also den Grünen, der Linkspartei und den Piraten, ist dies beschlossene Sache. Und auch Teile der SPD erhoffen sich hiervon wohl Wählerstimmen. Ich fordere, dass diese nordrhein-westfälischen Exzesse schnell unterbunden und die Handelnden zur Rechenschaft gezogen werden!

Goldman Sachs: Die Fremdenlegion der US-Regierung (2. Dezember 2012)

Die Euro-Zone kommt einfach nicht mehr auf die Beine. Allen Milliarden zum Trotz rutschen die Südstaaten immer tiefer in die Krise. An eine Lösung glaubt die Mehrheit der Deutschen längst nicht mehr. Immer weiter driftet Europa auseinander und schwächt sich wirtschaftlich wie gesellschaftlich dabei selbst. Doch was erleben wir gerade? Es ist ein „Krieg", wie wir ihn so nicht kennen. Er wird nicht mit Panzern und Raketen geführt, es fließt kein Blut – und doch spielt er sich direkt vor unseren Augen ab. Nicht Soldaten bilden die Armeen, sondern Rating-Agenturen und große US-Finanzinstitute. Ihre Waffen sind ein perfides Abwertungssystem, zerstörerische Finanzkonstrukte und Spekulationsgeschäfte, die ganze Volkswirtschaften an den Abgrund drängen. Mit der wirtschaftlichen Schwächung Europas versucht die unter Druck geratene USA, ihre Vormachtstellung zu verteidigen. Ihrer Speerspitze, **Goldman Sachs**, ist es fast unbeachtet von den deutschen Medien offenbar gelungen, in dieser Woche ihren Einfluss auf die Staatsgewalten in Europa weiter auszudehnen. Dafür gibt es heute den „Klodeckel". Am vergangenen Donnerstag entschied das Gericht der Europäischen Union in Luxemburg, Teil des Europäischen Gerichtshofs, den schützenden Mantel des Schweigens über die Machenschaften des amerikanischen Finanzhauses zu legen. Es ging um die Frage, ob die EZB zwei Studien offenzulegen habe, aus denen die Verstrickung ihres heutigen Präsidenten – seinerzeit in Diensten von Goldman Sachs – hätte sichtbar werden können. Die Nachrichtenagentur Bloomberg hatte auf Herausgabe des Materials geklagt, das die Hintergründe des offenkundigen griechischen Euro-Beitrittsbetrugs aufgedeckt hätte. Draghi und Goldman Sachs wäre dies ganz sicher nicht gut bekommen, vor allem hätte es auch weitreichende Einblicke in Lug und Trug der seit fast drei Jahren laufenden angeblichen Euro-Rettungsmaßnahmen gestattet.

Griechenland wäre danach kaum mehr im Euro zu halten gewesen und ein erster Schritt zur Gesundung der Finanzen in den starken Volkswirtschaften Europas wäre möglich geworden. Das mussten die Strippenzieher aus Manhattan natürlich verhindern. Und die Fremdenlegion der USA ist ausgesprochen erfolgreich. Dass die zentralen Positionen in Europa längst mit ehemals führenden Köpfen der umstrittenen Großbank besetzt sind, spricht sich langsam herum. Aktuellstes Beispiel: Auch der neue Chef der Britischen Notenbank ist ein ehemaliger Goldman-Banker. Damit sind nunmehr 17 der wichtigsten europäischen Entscheidungszentralen in Politik und Finanzwelt mit einem „IM Goldman" besetzt. Die Öffentlichkeit wird – zumindest von den offiziellen Medien – praktisch nicht informiert und ist mehrheitlich nicht in der Lage, das scientologische Ausmaß zu erkennen. Mit der Schaffung des Euros hat Europa sich der amerikanischen Finanzarmee ausgeliefert. Der „Währungskrieg" wird noch viele europäische Opfer fordern. Wir sehen sie nicht sofort, denn der Tod kommt schleichend...

Auge um Auge, Zahn um Zahn: Israels Konfrontationskurs (9. Dezember 2012)

Der „Klodeckel des Tages" geht an Israels Regierungschef **Benjamin Netanjahu**. Dieser weilte in der abgelaufenen Woche für einige Tage in Berlin, um der Bundesregierung – wie er wohl glaubte – einmal mehr sagen zu müssen, was sie zu tun oder besser zu lassen habe. Fast sieben Jahrzehnte ist das Ende des II. Weltkriegs nun her, und niemand leugnet die grausigen Verbrechen, die während des Nazi-Terrors auf deutschem Boden begangen worden sind. Für die Gräueltaten mancher seiner Vorfahren schämt sich Deutschland seit drei Generationen. Es geht auch gar nicht anders, weil Israel die Erinnerung mit enormem Druck und Aufwand bis heute wach hält. Keine mittelgroße Stadt, in der es nicht mindestens eine Gedenkstätte, ein Mahnmal, eine von den örtlichen Medien intensiv begleitete Dauerausstellung über die Judenverfolgung oder wenigstens eine Reihe entsprechend benannter Straßenzüge gibt. Damit hier keiner etwas missversteht: Das alles muss so sein. Und dennoch überschreiten Israels Politiker immer wieder Grenzen. Wenn die Vereinten Nationen, die höchste, weltweit politisch anerkannte völkerrechtliche Institution mit überwältigendem Votum zu dem Schluss kommt, dass Palästina über den Beobachterstatus in der UN-Vollversammlung aufgewertet werden soll, so hat dies auch Israel zu akzeptieren. Und die Stimmenthaltung der Bundesregierung ist – bei allem Verständnis für das besondere Verhältnis, das Deutschland und Israel verbindet – das gute Recht eines souveränen Staates. Es steht einem israelischen Regierungschef schlichtweg nicht zu, im Vorfeld eines Staatsbesuchs, die deutsche Regierung hierfür öffentlich an den Pranger zu stellen. Ebenso muss nach bald siebzig Jahren auch einmal Schluss damit sein, aus dem erlittenen Leid Forderungen und Ansprüche für alle Zukunft abzuleiten. Was sollen nur die millionenfach massakrierten und versklavten Indianer sagen, wenngleich ein noch größerer Teil von ihnen

Seuchen zum Opfer fiel? Oder etwa die Hugenotten? Gut, das waren nicht einmal eine Viertelmillion Menschen. Aber was ist mit den Kongolesen, deren Bevölkerung sich während der grausamen belgischen Kolonialherrschaft in nur einer Generation halbierte? Zahlenmäßig ist dies der größte Genozid der Geschichte: 10 Millionen ermordete Menschen! Man könnte weitere Völker und Gemeinschaften nennen, und jedes einzelne Schicksal für sich ist furchtbar. „Auge für Auge" ist Teil eines Rechtssatzes aus dem Bundesbuch der Tora für das Volk Israel. Und so wähnt sich Israel im Recht, als Vergeltung für das Votum der Weltgemeinschaft seinen Siedlungsbau noch aggressiver als bislang voranzutreiben, um Palästina die Luft zu nehmen. Die ungewohnt heftige Kritik aus den Reihen seiner Verbündeten macht deutlich, dass das Eis immer dünner wird, auf dem sich Israel bewegt. Es kann sich längst nicht mehr einfach nur auf Notwehr und Selbstverteidigung berufen.

Das Flaggschiff kentert: Gott, wo ist der Schalk geblieben? (16. Dezember 2012)

Wetten, dass es diese Sendung bald nicht mehr gibt, wenn **Markus Lanz** nicht schnell die Kurve kriegt? Ihm zuzusehen und vor allem zuzuhören tut mittlerweile schon richtig weh. Sein dritter Versuch geriet noch weniger unterhaltsam als die beiden ersten, das Gemisch aus Langeweile und Fremdschämen war nur schwer zu ertragen. Der smarte Südtiroler wird über die Feiertage in sich gehen, dem „Klodeckel" entgeht er deshalb aber nicht. Was sich da am vergangenen Wochenende in Freiburg vor nur noch 8,9 Millionen Fernsehzuschauern zutrug, umschrieb die SZ treffend mit „lanzweilig". Und auch die Zuschauerreaktionen reichten von „wenig gelungen" über „verkrampft" bis „peinlich". Ein Jahr zuvor versammelten sich zu Thomas Gottschalks Abschied noch mehr als 14,7 Millionen Menschen vor dem Fernseher. Zwar hatte auch der „ewige Gottschalk" in den Sendungen davor das tiefe Tal der Tränen durchschritten und mehrfach magere Quoten erzielt, doch muss man trotz aller damaligen Kritik heute nüchtern feststellen, dass zwischen ihm und seinem Nachfolger Welten liegen. Wo Lanz den immer gut gelaunten Allesversteher gibt, der sich mit penetrant zur Schau gestelltem Interesse als investigativer Journalist versucht, passte Gottschalks uninformierte Oberflächlichkeit viel besser zu einer Show, in der es vor allem darum geht, Stars und Sternchen mit ihren aktuellen Projekten möglichst gut in Szene zu setzen. Dabei hätte alles so schön werden können. Die Verantwortlichen des ZDF hatten so manchen Gebühren-Euro springen lassen, um ihrem neuen Frontmann auf dem Unterhaltungs-Flaggschiff jeden erdenklichen Rückenwind zu geben. Internationale Stars auf Couch und Bühne ließen in den ersten beiden Sendungen kaum Wünsche offen. Doch anders als sein Vorgänger fühlt sich Lanz nicht so zuhause in der „Bussi-Bussi-Welt" Hollywoods, und seine Gäste spüren das. Hale Berry und Tom Hanks jedenfalls kommen sicher nicht wieder. Waren diesmal zumindest die Musikgäste hochkarätig, musste das Sofa schon mit der dritten deutschen Reihe aufgefüllt werden. Internationale Stars Fehlanzeige! Auch die Wetten waren nicht übel, doch nervt Lanz seine Wettkandidaten mit unablässigem Palaver, wo Gottschalk schlagfertig Pointen setzte. Davon vor allem lebte „Wetten, dass..?" früher. Eines muss man Markus Lanz immerhin attestieren: Er tritt seinen Gästen bestens vorbereitet gegenüber. Das ist schön für den abendlichen Spättalk, passt aber nicht recht zu einer Unterhaltungssendung, deren Sinn darin besteht, sich für ein paar Stunden staunend verzaubern zu lassen. Lanz droht schneller wieder vom neuerdings rotierenden Studiosofa zu fliegen als seinerzeit der neunmalige Gottschalk-Statthalter Wolfgang Lippert. Er muss sich rasch steigern – Thomas Gottschalk ist ja erst 62.

Das war er, mein Blick auf 2012. Ich bin sicher, auch im kommenden Jahr wird wieder überall tief ins Klo gegriffen... freuen Sie sich also schon jetzt auf den „Klodeckel 2013"!